Suzanne Noffke

Klarer Blick in dunklen Zeiten
Caterina von Siena

Dominikanische Quellen und Zeugnisse

herausgegeben von

THOMAS EGGENSPERGER OP
ULRICH ENGEL OP

Institut M.-Dominique Chenu

in Verbindung mit
BARBARA HALLENSLEBEN, Freiburg i. Ue.
WOLFRAM HOYER OP, Augsburg
FRANZ MÜLLER OP †
GUIDO VERGAUWEN OP, Freiburg i. Ue.

Band 16
Klarer Blick in dunklen Zeiten

Suzanne Noffke

KLARER BLICK IN DUNKLEN ZEITEN

Caterina von Siena

hrsg. von der Arbeitsgemeinschaft
der deutschsprachigen Dominikanerinnen – AG OP
Übersetzt aus dem Amerikanischen von
Magdalena Dörtelmann, Angelica Kliem,
Franziska Madl, Maria-Markus Przyrembel
und Aurelia Spendel

benno

Band 16
der Dominikanischen Quellen und Zeugnisse
wurde gefördert durch die Arbeitsgemeinschaft
der deutschsprachigen Dominikanerinnen – AG OP

Bibliografische Information der Deutschen Nationalbibliothek
Die Deutsche Nationalbibliothek verzeichnet diese Publikation
in der Deutschen Nationalbibliografie; detaillierte bibliografische Daten
sind im Internet über http://dnb.d-nb.de abrufbar.

Originalausgabe:
Suzanne Noffke, Catherine of Siena.
Vision Through a Distant Eye,
Liturgical Press: Collegeville 1996 /
Authors Choice Press: New York – Lincoln – Shanghai 2006.

ISBN 978-3-7462-3573-8

Stammerstr. 11, 04159 Leipzig, 2012
Umschlaggestaltung: Ulrike Vetter, Leipzig
Umschlagfoto: Maximiliano I. Cappabianca OP
Gesamtherstellung: Kontext, Lemsel (A)

Inhalt

Geleitwort

Es steht nicht gut um die Kirche in unseren deutschsprachigen Ländern. Der Gottesdienstbesuch geht kontinuierlich zurück, die traditionellen Pfarrstrukturen funktionieren nicht mehr. Alte und junge Menschen fühlen sich in ihrer Kirche immer weniger beheimatet. Die Distanz zwischen Kirchenvolk und Kirchenführung scheint sich trotz vieler Dialogprozesse und guten Willens auf beiden Seiten beharrlich zu vergrößern. Der Papst ruft die Zeit vom 11. Oktober 2012 bis zum 24. November 2013 als „Jahr des Glaubens“ aus, da der christliche Glaube zu verdampfen scheint und eine neue Evangelisierung erforderlich ist. Wir leben in dunklen Zeiten.

Dunkle Zeiten kennzeichneten auch die Welt der heiligen Caterina von Siena. Aufgewachsen in einer der aufblühenden Städte des Mittelalters, wollte sie radikal nach dem Evangelium leben. Als kleines Mädchen schon war sie Christus in einer Vision begegnet und hatte verstanden, dass einzig Er es ist, um den es geht.

Caterina stieß mit ihrer Suche nach Gleichgesinnten an Grenzen, als sei der Blick derer, mit denen sie zu tun hatte, verdunkelt und verstellt. Sie stieß auf das Unverständnis ihrer Eltern, auf den Widerstand der Gruppe frommer Frauen, denen sie sich anschließen wollte. Sie stieß an die Grenzen der Kirche, die alles andere als ein Leben nach dem Evangelium führte. Aber sie ließ sich nicht beirren. Sie bewahrte den klaren Blick für Menschen in Not, denen sie ein Trostwort spendete, für Gefährtinnen und Gefährten, die ihr folgten, für Politiker, die sie zum Frieden aufrief, ja selbst für die Männer in der Kirchenführung. Sie legte den Finger in die Wunden ihrer Zeit und kämpfte an gegen alle Trübungen und Verdunkelungen des Evangeliums. Jahre extremer Zurückgezogenheit im Gebet und in der Betrachtung der Geheimnisse des Glaubens waren für sie gefüllt mit wachsender Intimität mit Jesus Christus und gefolgt von Jahren voller Aktivität und konsequenter Einmischung in die Geschicke ihrer Zeit. Furchtlos folgte Caterina dem, was sie gesehen und als richtig erkannt hatte mit klarem Blick für die Erfordernisse ihrer Zeit und der Gesellschaft und Kirche, in der sie lebte. Caterina war eine Visionärin mit ungetrübter Schau in dunklen Zeiten. Im Jahre 1970 wurde sie zur Kirchenlehrerin erhoben, 1999 zur Patronin Europas ernannt.

Es ist erstaunlich, wie viele unterschiedliche Menschen von Caterina angezogen wurden und versuchten, ihr Leben nach ihrem Vorbild auszurichten. Vor allem für dominikanisches Frauenleben ist sie eine herausragende Patin. Zahlreiche dominikanische Gemeinschaften tragen ihren Namen. Ihr komplexes und reiches Leben ist Herausforderung und Inspiration. Ihr Vorbild fordert zur eigenen Positionsbestimmung heraus und zu eigenem Handeln.

Auch wir, die in der AG OP verbundenen deutschsprachigen Gemeinschaften, hören ihre Botschaft und suchen Inspiration und Ermutigung in ihren Briefen, Gebeten und in ihrer Christusbegegnung. Das hat uns dazu veranlasst, die vorliegende Monographie als Gemeinschaftsprojekt dominikanischer Frauen herauszugeben. Suzanne Noffke, Dominikanerin aus Racine/USA, besuchte uns im Januar 2011 und teilte mit uns ihr Wissen und ihre Begeisterung über Caterina von Siena. Daraus erwuchs der Wunsch, eines der Bücher von Suzanne Noffke OP deutschsprachigen Leserinnen und Lesern zugänglich zu machen. Dominikanerinnen verschiedener Gemeinschaften arbeiteten an der Übersetzung, der Korrektur und der Herausgabe dieses Bandes. Dabei wurde uns bewusst, dass derzeit keine wissenschaftlich verantwortete Gesamtausgabe der Werke Katharinas in deutscher Sprache vorliegt. Eine Lücke, von der wir hoffen, dass sie bald geschlossen werden wird.

Ein Wort des Dankes gilt Aurelia Spendel OP, die das Projekt von der Idee bis zur Drucklegung betreut hat, sowie Thomas

Eggensperger OP und Ulrich Engel OP als Herausgeber der „Dominikanischen Quellen und Zeugnisse“ für die Aufnahme unseres Buches in diese Reihe. Benedikta Hintersberger OP, Augsburg, und Martina Amrhein OP, Konstanz, gebührt Dank für aufmerksames Korrekturlesen, Eleonora Weiß OP, Augsburg, für vielfältige Unterstützung. Als Übersetzerinnen, die je ihre eigene Übersetzung verantworten, beteiligten sich Maria Magdalena Dörtelmann OP, Lage, Angelica Kliem OP, Dießen, Franziska Madl OP, Wien, Maria-Markus Przyrembel OP, Speyer, und Aurelia Spendel OP, Augsburg. Das Literaturverzeichnis, zusammen- und zur Verfügung gestellt von Maria Magdalena Dörtelmann OP, wurde vereinheitlicht von Jenny Wenner M.A., Wissenschaftliche Hilfskraft am Institut für Kirchengeschichte, Abt. Mittlere und Neuere Kirchengeschichte, der Rheinischen Friedrich-Wilhelms-Universität, Bonn, unter der Leitung von Prof. Dr. Gisela Muschiol. Das Coverfoto wurde von Maximiliano I. Cappabianca OP, Rom, aufgenommen und zur Verfügung gestellt. Herausgeberin ist die Arbeitsgemeinschaft der deutschsprachigen Dominikanerinnen AG OP. Ein besonderer Dank gilt dem Institut für Pastoralhomiletik (IPH) für die finanzielle Unterstützung.

Möge der vorliegende Text dazu beitragen, dass wir als Dominikanerinnen so wie Caterina einen klaren Blick in dunklen Zeiten gewinnen und bewahren: den Blick für die Botschaft des Evangeliums, für die Person Jesu Christi, für unseren dominikanischen Auftrag als Predigerschwestern, für die Nöte unserer Zeit und für die Wege, die uns aus aller Trübung hin zu neuer Klarheit führen.

Schwalmtal, am 29. April 2012, dem Fest der hl. Caterina von Siena

Sara Böhmer OP

1. Koordinatorin der Arbeitsgemeinschaft der deutschsprachigen Dominikanerinnen – AG OP

Anmerkungen zur Übersetzung

Die Übersetzung des Buches von Suzanne Noffke OP, Catherine of Siena. Vision Through a Distant Eye, Authors Choice Press, New York – Lincoln – Shanghai 1996/2006, traf auf die Schwierigkeit, dass bislang keine wissenschaftlich verantwortete Gesamtausgabe der Werke der hl. Caterina von Siena als verbindlicher Referenzrahmen für eine Übersetzung vorliegt.[1] So war der Weg der *Übersetzung der Caterina-Zitate*, die S. Noffke in ihrem Text anführt, ein oft verwickeltes und mit manchem Umweg befrachtetes Unterfangen. Längere Zitate aus den Schriften Caterinas sind i.d.R. als eigener Absatz gesetzt.

Dazu kam, dass die einzelnen Kapitel dieses Buches aus Vorträgen hervorgegangen sind und deshalb an zahlreichen Stellen das Signum gesprochener Sprache tragen. So musste bei der Übersetzung eine doppelte Ausrichtung berücksichtigt werden: die des ursprünglichen *Textgenus* als Vortrag und die des Englischen als *Originalsprache*. Daraus ergab sich die Notwendigkeit einer „doppelten" Übersetzung, so dass für jene Leserinnen und Leser, die sich mit Suzanne Noffke im „Originalton" beschäftigen möchten, die Lektüre des englischen Textes unverzichtbar ist. Wer auf diesen Originalton verzichten kann, findet hier eine, wie wir hoffen, gültige Übertragung ihres Buches ins Deutsche. Hinzuweisen ist in diesem Zusammenhang darauf, dass einige der bibliografischen Angaben und biblischen Bezugsstellen Noffkes nicht eindeutig verifiziert bzw. in ihrer Bezugnahme verfolgt werden konnten und von daher nicht unbedingt nachvollziehbar sind.

---

1 Damit wird das verdienstvolle Bemühen von Werner Schmid in keiner Weise geschmälert. Seine deutschsprachige, im Aufbau befindliche Gesamtausgabe ihrer Schriften ist eine mehr als hilfreiche Quelle, um Caterinas Texte in Deutsch zu lesen und zu zitieren. Vgl. das Literaturverzeichnis am Ende dieses Buches.

Da die *Schreibweise des Eigennamens Caterinas* in der Literatur variiert, haben wir uns dazu entschlossen, i.d.R. „Caterina" zu schreiben; die wenigen Ausnahmen sind der Schreibweise Suzanne Noffkes dort geschuldet, wo sie Literaturangaben Dritter nennt.
Anmerkungen Suzanne Noffkes sind möglichst original wiedergegeben. Da, wo es sinnvoll ist, wurden die nur für die englische Ausgabe notwendigen und nur dort nachvollziehbaren Querverweise und Angaben weggelassen, und da, wo es möglich und sinnvoll ist, auf Anregung der jeweiligen Übersetzerin hin deutschsprachige Publikationen statt der englischen angeführt. Dadurch soll das Eigenstudium der Original- und Sekundärliteratur zu Caterina erleichtert und gefördert werden.
Originale *Zwischenüberschriften* wurden beibehalten.
An einigen Stellen wurde um der Korrektheit der Übersetzung willen besonderes Augenmerk auf *inklusive Sprache* gelegt.
Bibelstellen werden i.d.R. nach der Einheitsübersetzung zitiert, die Angaben der Stelle wurden dort, wo sichtliche Schreibfehler vorhanden waren, entsprechend korrigiert.
Die *Briefzählung* führt jeweils nach der Nummer des Briefes ein Komma an, um das Missverständnis zu verhindern, es gäbe an den jeweiligen Adressaten, die jeweilige Adressatin eine Anzahl von Briefen, die der Zählnummer des zitierten Briefes entspricht. (Beispiel: Brief T1234, an Giacomo P. ist der Brief mit der Zählnummer 1234, der an G. P. gerichtet ist. Es wurden nicht 1234 Briefe an G. P. geschrieben.)
Aus Suzanne Noffkes gesamtem Werk haben wir *nur den ersten Teil*, d.h. die ersten acht Kapitel für dieses Buch übersetzt. Der zweite Teil des Originals besteht in Kapitel 9 wesentlich aus methodologischen und quellenbezogenen Überlegungen zu Caterinas Theologie und Spiritualität sowie in Kapitel 10 aus einem „Reisebericht", der die historische und geografische „Welt" Caterinas darstellt. Daran schließt sich eine ausführliche Bibliografie englischsprachiger Publikationen von und zu Caterina von Siena an.

Unser Buch wird nach dem ersten Teil ergänzt durch einen Vortrag von Suzanne Noffke, den sie anlässlich eines Symposiums im Molloy College am 22. April 2005 präsentierte und den sie in etwas abgewandelter Form vor einer Gruppe von jungen Dominikanerinnen 2011 in Düsseldorf hielt.

Aurelia Spendel OP

Einführung

Die heilige Caterina von Siena wurde 1347 als Caterina di Jacopo (oder Giacomo) di Benincasa in Siena geboren, als jüngerer Zwilling und 24. von 25 Kindern des Jacopo, eines Wollfärbers, und seiner einzigen Frau Lappa di Puccio di Piacenti. Alle zeitgenössischen Zeugnisse belegen, dass sie ein heiteres, aufgewecktes und geselliges Kind war, obwohl sich bei ihr, soweit es ihr Innenleben betraf, schon eine anfängliche Neigung zum Rückzug zeigte. So sehr sie später auch lernte, die Dinge Gottes machtvoll weiterzugeben, scheint ihr doch die persönliche Öffnung nie leicht gefallen zu sein. Der Einfluss des Vaters hat vermutlich ihr Interesse am Ordensleben und am Dienst für den Nächsten bestärkt, während sie von ihrer Mutter einen starken Tatendrang und unbedingte Entschlossenheit erbte. Diese Wesenszüge prägten schließlich Caterina von Sienas einzigartige Persönlichkeit und Spiritualität.

Als sie etwa sechs Jahre alt war, machte Caterina eine Erfahrung, die sie viel später als eine Christus-Vision schilderte: Die Gestalt, die sie sah, war angetan mit päpstlichen Gewändern, thronte über der Kirche San Domenico, die in der Nähe des Elternhauses lag, und war umgeben von den Heiligen, welche dann ihre Lieblingsheiligen wurden. Sie lächelte ihr zu und segnete sie. Kein Wort wurde gesprochen. Aber diese Erfahrung wurde bestimmend für Caterinas niemals mehr zurückgenommene Entscheidung, sich Christus als Jungfrau ganz zu weihen und Dominikanerin zu werden.

Danach wurde sie still, zog sich mehr und mehr zurück und strebte leidenschaftlich die Lebensweise und Tugenden an, die sie in ihrem jugendlichen Sinn, wie auch die Gesellschaft ihrer Zeit, für die Zeichen von Heiligkeit hielt. Sie legte sogar ein Gelübde der Jungfräulichkeit ab, weil dies in der vorherrschenden Frömmigkeit der einzige sichere Weg zur Hingabe an Gott war. Mit wachsender Bestürzung erlebte die Familie, dass Caterina nur noch mit Übungen der Askese wie Selbstverleugnung, Fasten, Kasteiung, Einsamkeit, Schweigen und eben der Jungfräulichkeit beschäftigt war. Niemand war darüber unruhiger als ihre Mutter Lappa, die sich zum Ärger Caterinas ihrem jüngsten überlebenden Kind gegenüber als besonders besitzergreifend gezeigt hat, dem einzigen, das sie selber hatte stillen können.[2]

Hinter diesen Äußerlichkeiten, und in gewisser Weise *durch* sie, keimten nach und nach in Caterina jene Wesenszüge auf, die später ihre reifere, ausgewogenere und weltoffene Spiritualität ausmachen würden. Sie hat sich auf diesem Weg vielleicht in einige Dummheiten verrannt und Mäßigung nur schwer erlernt. Im Kern zeigte dieses Verhalten jedoch an, dass sie niemals willens sein würde, Kompromisse zu akzeptieren, wenn sie etwas als Wahrheit erkannt hatte, weder zu ihrem eigenen noch zu eines anderen Vorteil, noch dass sie sich je sperren würde, immer tiefer in die Wahrheit einzudringen.

Caterinas Traum, Dominikanerin zu werden, begann als romantische Schwärmerei für die schwarz-weiß gekleideten Brüder, die ständig aus ihrer Kirche San Domenico den Hügel hinunter an ihrem Elternhaus vorbeikamen. Früh gab man ihr den Spitznamen Euphrosina, denn die Legende dieser Heiligen regte sie zu dem naiven Plan an, eines Tages fortzulaufen und als Knabe verkleidet in einem weit entfernten Konvent der Dominikaner als Novize einzutreten, um Prediger zu werden. Wäh-

---

2 In seinem Buch *Holy Anorexia* (Chicago 1987) erwähnt Rudolph M. Bell Caterina unter jenen, die er „heilige Magersüchtige" nennt, und vermutet den Ursprung ihrer „Magersucht" in solcher Art der Frömmigkeit und in ihrem familiären Hintergrund. Obwohl er einige fundierte Argumente vorbringt, meine ich doch, dass seine Schlussfolgerungen im Licht der gesamten Frömmigkeitsgeschichte geprüft werden müssen, die Carolyn Walker Bynum in ihrem Werk *Holy Feast and Holy Fast. The Religious Significance of Food to Medieval Women* (Berkeley – Los Angelos – London 1987) entfaltet.

rend solche Fantasien mit der Zeit verschwanden, wurde der dahinter stehende Traum ständig stärker.

Als Caterina ins Teenageralter kam und Mamma Lappa Anstalten machte, sie zu verheiraten, richtete sie ihr Interesse hartnäckig auf eine Gruppe Sienesischer Frauen, die als Mantellatinnen bekannt waren. Es handelte sich um Witwen, die einer dominikanischen Regel folgten und ihr Leben und ihre Güter dem Dienst an den Kranken und Armen zur Verfügung stellten. Diese Frauen machten allerdings unmissverständlich klar, dass sie das unverheiratete und unerfahrene Mädchen nicht in ihrer Gruppe haben wollten. Caterina jedoch erstritt und erschlich sich ihren Weg in den Orden.

Unmittelbar nach ihrer Profess verbarg sie sich in kontemplativer Einsamkeit, sprach mit niemandem und verließ ihr Zimmer nur noch für die Gottesdienste in San Domenico. Durch dieses Verhalten, das sehr viel mehr in ein klausuriertes Kloster passte als zu der Laiengruppe, der sie beigetreten war, wurde sie etwas Besonderes. In dieser Suche nach Exklusivität jedoch sahen ihre Zeitgenossen, einschließlich ihrer Mutter und vieler Dominikaner, mit Sicherheit kein Zeichen von Heiligkeit!

Caterina verharrte etwa drei Jahre in dieser Zurückgezogenheit, bis das Gebet selbst, um dessentwillen sie sich von den anderen fernhielt, sie davon überzeugte, dass die Liebe zu Gott nicht von konkret praktizierter Nächstenliebe getrennt werden kann. Je tiefer ihr Gebet nach dieser Erkenntnis in die Kontemplation vordrang, desto stärker trieb es sie hinaus in den Dienst am Nächsten. Und umgekehrt: Je intensiver Caterina sich für ihre Mitmenschen einsetzte, umso tiefer wurde sie ins Gebet hineingezogen.

Anfangs verrichtete sie den für die Mantellatinnen üblichen Dienst, pflegte die Kranken und half den Armen, so wie ihre Mitschwestern auch, die sich bislang darüber empört und von ihr distanziert hatten, solange sie diesen Pflichten nicht nachgekommen war. Bald übernahm die jetzt Anfang Zwanzigjährige jedoch wie selbstverständlich eine Führungsrolle und verstand sich selbst ungeniert als die „Mamma" jener Frauen und Männer, die sich um sie sammelten. Viele von ihnen waren wesentlich älter als sie und mit Blick auf ihren gesellschaftlichen Rang und ihre Bildung höher gestellt. Trotzdem kamen sie zu ihr, um geistlichen Rat und geistliche Führung zu erhalten. Caterina ihrerseits wandte sich ihnen in mütterlicher Fürsorge zu und übernahm Verantwortung für ihr geistliches Wachstum.

Die Mediation, die Fähigkeit zur Vermittlung in Konflikten, war zweifellos eine der großen Begabungen Caterinas, durch die sie zunächst in lokale und regionale, später auch in kompliziertere und größere Probleme der zivilen und kirchlichen Politik verwickelt wurde, obwohl sie der Komplexität solcher Angelegenheiten gegenüber naiv war und es auch blieb. Ihre Reisen führten sie nach Avignon, wo sie, nach Meinung der meisten Historiker, den endgültigen Entschluss Papst Gregors XI., der so genannten „Babylonischen Gefangenschaft" ein Ende zu machen, beeinflussen konnte, sowie bis nach Rom, wo sie ihre letzten, schmerzlichen Monate zubrachte und darum rang, die Kirche in der größten kirchenpolitischen Krise ihrer Zeit vor einem Schisma zu bewahren. Der aufgrund des Scheiterns ihrer Vermittlungsversuche entstandene psychische Druck führte zusammen mit der chronischen Schwächung und Schädigung, die sie ihrem Körper durch die extreme Askese ihrer jungen Jahre zugefügt hatte, 1380 zu Caterinas Tod im Alter von erst 33 Jahren.

Kirche und Gesellschaft standen im späten 14. Jahrhundert an einem kritischen Wendepunkt. Barbara Tuchman hat dieses Jahrhundert als einen „fernen Spiegel" unseres eigenen Jahrhunderts bezeichnet.[3] Wenn dieses Jahrhundert ein Spiegel ist, dann könnte Caterina von Siena ein „fernes Auge" genannt werden.

---

3 Vgl. Barbara Tuchman, Der ferne Spiegel. Das dramatische 14. Jahrhundert, München 1982.

Denn sie, die auf Kirche und Gesellschaft ihrer Zeit einen so großen Eindruck gemacht hatte, bietet uns für unsere eigenen Kämpfe am Beginn des 21. Jahrhunderts eine Vision an. Dieses Angebot ist der Anlass für meine folgenden Ausführungen.
Die Erkenntnisse, die hier dargestellt werden, verdanken sich den Arbeiten vieler Generationen von Forscherinnen und Forschern, hauptsächlich aus Europa, die Leben und Werk Caterinas erforscht und darüber geschrieben haben. Wesentlicher sind meine Einsichten jedoch durch meine Vertrautheit mit Caterina selbst geprägt, die ich durch die Übersetzung und Kommentierung ihrer Schriften in den letzten 20 Jahren gewonnen habe. Besonders viel verdanke ich, ironischer Weise vielleicht, dem Verfahren der Computeranalyse der Texte, das mich sehr in Anspruch genommen und oft auch frustriert hat. Trotz der offensichtlich trockenen Arbeitsweise kam ich auf diesem Weg zu einigen Erkenntnissen, zu denen mich kein lebenslanges Studium hätte gelangen lassen.

Caterinas Schriften

Caterinas schriftliche „Werke" gliedern sich in drei Teile, die sich nach Anlass, Zweck und Ziel sowie in ihrer Gestaltung voneinander unterscheiden. Ihre frühesten Schriften, die sich über den größten Zeitraum erstrecken, sind Briefe.[4] Caterina begann Anfang 1370 damit, Briefe als bevorzugtes Mittel der Argumentation einzusetzen. Ihre Zahl wuchs über die Jahre bis kurz vor ihrem Tod 1380 kontinuierlich. Obwohl es einige Anhaltspunkte für die Vermutung gibt, dass sie in ihren späten Jahren lesen

4 Ich habe den ersten Teil der ersten vollständigen englischen Übersetzung von Caterinas Briefen 1998 veröffentlicht: The Letters of St. Catherine of Siena, ed. by Suzanne Noffke, Binghamton 1998. Die noch ausstehenden Teile werden nach und nach publiziert werden. [Anm. d. Ü.: zur deutschen Übersetzung der Briefe siehe im Literaturverzeichnis Werner Schmid.]

lernte und einige wenige Briefe mit eigener Hand schrieb, ist bislang keines ihrer möglichen Manuskripte aufgefunden worden. Die Exemplare der 382 Briefe, die uns vorliegen, stammen überwiegend von der Hand eines ihrer Sekretäre. Die ältesten Fassungen einiger Briefe liegen uns nur in späteren Abschriften vor.[5] Als Sekretäre dienten ihr in den verschiedenen Phasen ihres Wirkens wahlweise einige ihrer Anhängerinnen und Anhänger, von denen einer uns überliefert hat, dass Caterina ihre Mitschriften nie korrigierte oder bearbeitete.

Caterinas Briefe richteten sich an so unterschiedliche Adressaten wie Päpste, Prinzen und Gefangene, Königinnen, Äbtissinnen und Prostituierte, Verwandte, persönliche Freunde und Gegner. Sie schrieb an jeden, dem sie etwas, was sie für wichtig hielt, sagen wollte. Manchmal plauderte sie über Tagesereignisse, das Befinden ihrer Freunde und über ihre eigene geistliche Verfassung und Gesundheit. Das erfahren wir zumindest aus den vollständig erhaltenen Briefen, denn in den späteren Abschriften ihrer Briefe, die zum Zweck der Erbauung verbreitet wurden, ließen die Schreiber solche als unwichtig gewerteten Passagen oft aus. Der Hauptanteil jedes Briefes besteht aus Caterinas einzigartiger und individuell auf den betreffenden Adressaten oder die Adressatin ausgerichteten Verkündigung. Das Kernstück jedes Briefes ist eine spontane, mit einer verblüffend schlüssigen Logik entfaltete Predigt. Die Briefe stellen den größten Teil von Caterinas Schriften dar.

Der andere Teil ihres Schrifttums umfasst nur ein einziges Werk. Zwischen November 1377 und Oktober 1378, mitten im äußerst intensiven Einsatz für die Kirche und während Caterina mehrmals den Wohnort wechselte, entwarf, diktierte und bearbeitete sie die Schrift, die sie selbst „mein Buch" nannte und die später von anderen als *Gespräch von Gottes Vorsehung*"[6] beti-

5 Etwa ein halbes Dutzend dieser Briefe ist vorhanden, wenn wir die beinahe identisch lautenden, an mehr als einen Adressaten gerichteten Briefe hinzuzählen.

6 Das Werk wurde in Englisch publiziert: Catherine of Siena, The Dialogue, ed. by

telt wurde. Der Anstoß dazu war eine starke mystische Erfahrung, die sie in einem langen Brief ihrem zu jener Zeit abwesenden Beichtvater, Freund und Vertrauten, dem Dominikaner Raimondo da Capua im Oktober 1377 schilderte.[7] Mit diesem Buch wollte Caterina ihren Schülerinnen und Schülern und Menschen darüber hinaus jene Erkenntnisse vermitteln, die sie über das spirituelle Leben mit Gott gewonnen hatte. Sie fasste ihre Einsichten in eine literarische Form, die der Weise ihrer geistlichen Erfahrung entsprach, aus der ihre Einsichten hervorgegangen waren, nämlich in die Form eines Gesprächs mit Gott, dem Vater, in dem diesem der weitaus größte Redeanteil zugesprochen wird. Das Buch bietet eine Zusammenfassung der Spiritualität Caterinas und ist kein systematisches, sondern ein mystisches und pastoral ausgerichtetes Werk.

Schließlich gibt es als dritte Textgattung eine Sammlung von 26 spontanen Gebeten Caterinas, von denen alle bis auf eines von Freunden bei verschiedenen Gelegenheiten mitgeschrieben wurden, während Caterina in Ekstase laut betete.[8] Nachdem die Heilige sich entschlossen hatte, ein Buch zu diktieren, gab sie ihren Jüngern die Anweisung, alles zu notieren, was sie in Entrückung laut sagen würde, offensichtlich, um es später zu verarbeiten.[9] Vermutlich war ihr letztlich doch wohl nicht bewusst, dass viele ihrer laut gesprochenen Gebete mitgeschrie-

---

Suzanne Noffke, im Folgenden kurz „Dialog“. S. Noffke nennt jeweils die Nummerierung und zumeist danach die Seite ihrer Übersetzung [Anm. zur deutschen Übers.].

7 Brief T272. Die Nummerierung der Briefe erfolgt mit dem Präfix „T“, weil sie der Zählung von Niccolo Tommasèo in seiner Edition der Briefe Caterinas folgt. Das ist die übliche Zählung, obwohl manchmal auch auf die von Girolamo Gigli zurückgegriffen wird.

8 Das Werk wurde in Englisch publiziert: The prayers of Catherine of Siena, trans. Suzanne Noffke, New York 1983.

9 Raimondo da Capua, Caterinas Beichtvater, verfasste im Hinblick auf ihre Heiligsprechung eine Lebensbeschreibung: Raimundus de Capua, 33 Jahre für Christus. Die Legende Maior. Das Leben der hl. Caterina von Siena, hrsg. von Werner Schmid (Caterina von Siena Bd. 6), Kleinhain 2006, 349, 433. Im Folgenden zit. unter dem Kürzel „Leben“ [Anm. zur deutschen Übers.].

ben wurden, denn sie hat sie nie gelesen oder bearbeitet. Die meisten Gebetstexte stammen aus den letzten 17 Monaten ihres Lebens, nachdem der *Dialog* fertig gestellt worden war und Caterina nach Rom übergesiedelt war in der Hoffnung, an der Behebung des Schismas mitwirken zu können, das bald nach der Wahl Papst Urbans VI. entstanden war.

Obwohl Caterinas Schriften in der Literaturgeschichte und der historischen Geschichtsschreibung seit langem als wichtige Zeugnisse gelten, haben sie in theologischer Hinsicht sowohl aufgrund der inhaltlichen Aussagen als auch aufgrund des Lebensweges Caterinas eine weit darüber hinaus gehende Bedeutung. Caterina nahm in ihr Denken und in ihre Schriften zahlreiche Gedanken (doch meist ohne zu zitieren) aus den Quellen der christlichen Tradition auf, angefangen von der Heiligen Schrift bis hin zu den populären Schriftstellern ihrer Zeit. Man kann darum nicht behaupten, dass sie einen eigenen und neuen Beitrag zur Entwicklung der Theologie geleistet hat. Doch die Synthese, die ihr gelingt, ist originell, einzigartig, bemerkenswert und so gewichtig, dass ihr 1970 der Titel einer Kirchenlehrerin der römisch-katholischen Kirche zugesprochen wurde – inzwischen neben Teresa von Avila, Thérèse von Lisieux und Hildegard von Bingen. Außerdem ist die pastorale Feinfühligkeit besonders auffallend, mit der Caterina ihr theologisches Wissen in Verbindung mit ihrer persönlichen Gotteserfahrung handhabte und weitergab. Sie verwob beides in einer außergewöhnlichen Weise miteinander zu einem Gewebe aus Logik und Bildlichkeit und formulierte es ungemein passend für die je aktuelle Situation bzw. die konkreten Adressatinnen und Adressaten.

Außerdem war Caterina eine Frau. Weil sie im Ruf authentischer Heiligkeit stand, wurde ihre Stimme dort gehört, wo ansonsten kaum eine Frau Aufmerksamkeit erwarten konnte. Weil sie zudem die erste Frau war, die in einem der italienischen Dialekte schrieb und veröffentlichte, erhalten wir durch sie einen Zugang zur weiblichen Sicht und Deutung der Ereignisse, Kultur und Spiritualität ihrer Zeit, die wie unsere eine Zeit der Krisen und Wandlungen in Kirche und Gesellschaft war.

Dies ist sie also: die Frau, deren Persönlichkeit, Stimme und Vision ich hoffe, in diesem Buch den Leserinnen und Lesern unter verschiedenen Perspektiven nahebringen zu können. Die folgenden Essays stellen Studien einzelner theologischer und spiritueller Aspekte aus Caterinas Vision dar. Die meisten meiner Texte entstanden aus Vorträgen und Aufsätzen, die ich im Blick auf die neuesten Forschungsergebnisse über Caterina überarbeitete und hier in einem sinnvollen Zusammenhang veröffentliche.

Caterina ist mir eine Freundin und Begleiterin auf meinem Suchweg geworden. Ich hoffe, dass diese Zusammenstellung von Arbeiten über Caterina viele andere Freundschaften bereichern und Hinführung und Anstoß für neue Freundschaften werden kann, speziell jetzt auch für meine dominikanischen Schwestern und Brüder in den deutschsprachigen Ländern Europas, deren Lebenseinsatz mich immer bereichert hat, besonders in den Tagen, die ich bei meinem Besuch Anfang des Jahres 2011 mit ihnen verbringen durfte.

Ich danke allen, die mich bei meiner Arbeit unterstützt haben: den Gruppen, für die diese Aufsätze in ihrer früheren Fassung als Vorträge bestimmt waren, meiner Dominikanerinnenkongregation von Racine, Wisconsin / USA, die mir Zeit, Raum und Ermutigung für die Arbeit gewährt hat, sowie dem Verlag The Liturgical Press. Ganz besonders danke ich Ellen Murray R.S.M. für ihre Hilfe bei der Erstellung des bibliographischen Materials in letzter Minute und Mary Catherine Nilles OP für Stunden um Stunden des Gedankenaustausches und für ihr Korrekturlesen.

TEIL I

PERSPEKTIVEN EINER VISION

1. Wahrheit – Herzstück des Lebens und der Spiritualität Caterinas

Qualität und Charakter des Lebens und der Spiritualität Caterinas werden geprägt von ihrer zentralen Überzeugung, dass Gott Wahrheit und Liebe ist. Vielleicht war es ihre natürliche, geistige Neigung; vielleicht war es aber auch ihre dominikanische Ausrichtung – das Motto des Ordens lautet ja: *veritas* – Wahrheit. Vielleicht wurzelt ihre Überzeugung in einer sehr frühen Gotteserfahrung, in der sie Gott sagen hörte: „Du bist die, die nicht ist; ich bin der Einzige, der ist." Was auch immer diese Haltung Caterinas beeinflusst hat, ihr zärtlichster Name für Gott lautet: „freundliche ERSTE WAHRHEIT" bzw. „höchste ewige WAHRHEIT."
Caterina scheint keine andere Wahrheit zu kennen als die Wahrheit Gottes, die allein im Glauben erkannt werden kann. Nur für diese Wirklichkeit benutzt sie das Wort *verità*, Wahrheit. Das sollte uns nicht überraschen, denn für jeden mittelalterlichen Christen, jede Christin stammt alle Wirklichkeit aus Gott und kehrt wieder zu ihm zurück. Sie existiert allein kraft der Geschöpflichkeit, insofern sie Teil hat am Sein Gottes. Caterinas Überzeugung unterscheidet sich von dieser allgemeinen Einstellung dadurch, dass sie bei ihr eine so zentrale und bewusste Annahme darstellt, dass sie aus ihr lebenslang das gesamte Gebäude ihres Denkens und ihrer Spiritualität erstellt.

> „Weißt du, Tochter, wer du bist und wer ich bin? Wenn du diese beiden Dinge weißt, bist du selig zu nennen in deiner Einsicht. Du bist die, die nicht ist, und ICH BIN DER EINZIGE, DER IST. Lass diese Wahrheit in deine

Seele eindringen und der Feind kann dich niemals in die Irre führen."[10]

„Ich meine, wir müssen Gott lieben und um seinetwillen alles lieben, was ist, weil Gott die Wahrheit ist und ohne Gott nichts ist."[11] So kann Gott sagen, dass Caterina „nicht ist", weil ihre Existenz völlig von ihm abhängt. Caterina existiert als sie selber *nicht*; sollte sie etwas tun, was nicht aus Gott stammt, tut sie etwas, „was nicht ist" – sie würde sündigen. Als Geschöpf Gottes aber, das ganz in Gott ist und in seiner Wahrheit, teilt Caterina diese Existenz. So nennt sie Gott „den freundlichen Meister der Wahrheit, der der Schöpfer und Geber alles dessen ist, was ist."[12] Weil die Schöpfung wahrhaft geschaffen wurde, kann Caterina die Wahrheit von Gottes absolutem, ultimativem Sein nicht trennen von seinem Sein als Schöpfer. „Wahrheit und Liebe, der ewige Vater", so nennt sie Gott in einem Brief an Tommaso d'Avalino.[13] Auf diese Weise kommt sie dazu, von der „Wahrheit Gottes" zu sprechen, bzw. von „Gottes Wahrheit" als der

10 Leben I, X, 93, 86.

11 Brief T317. Im englischen Original stammen alle Übersetzungen der Briefe und Gebete Caterinas von S. Noffke selber, in dieser deutschen Ausgabe verantwortet sie jede Übersetzerin selber [Anm. d. Red.].

12 Brief T68, an Bandeçça deí Belforti.

13 Brief T259. Caterina, ganz Kind ihrer Zeit, dachte Gott als Vater, als Herrn, als männlich, obwohl sie für Christus und den Heiligen Geist, auch einige weibliche Bilder wie das der nährenden Mutter nutzt Es wäre unaufrichtig, diese Einseitigkeit aus ihren Texten zu eliminieren. Hier soll darauf hingewiesen werden, dass es in Caterinas Leben mehrere Männer mit dem Namen Tommaso gibt, unter ihnen Tommaso dalla Fonte (Caterinas dominikanischer Cousin und erster Beichtvater); Tommaso di Antonia da Siena (ein dominikanischer Mitbruder, der der Einfachheit halber gewöhnlich bezeichnet wird als Tommaso Caffarini, ein Jünger, der später sehr bemüht sein wird, Caterinas Verehrung zu fördern, und der sowohl die verkürzte als auch die erweiterte Version der Lebensbeschreibung und des Testaments Caterinas von Raimondo da Capua schreiben wird im Hinblick auf Caterinas Heiligsprechung [der sog. *Processo castellano*]); Tommaso d´Alviano (ein Söldnerhauptmann im Dienst des Papstes); Tommaso deí Bardi (ein florentinischer Adeliger); Tommaso Petra (ein Schüler, der einen Augenzeugenbericht von Caterinas Tod schreiben wird). Keiner von diesen darf mit Niccolò Tommaséo verwechselt werden, der im 19. Jahrhundert die Werke Caterinas edierte.

Wirklichkeit unserer Schöpfung aus Liebe im göttlichen Bild zur Verherrlichung Gottes. Diese Denkfigur wird zum Höhepunkt ihrer Darstellung der Heilsgeschichte, und Caterina wird nie müde werden, diese Aspekte in verschiedenen Kombinationen und Kontexten immer wieder zu wiederholen.

Die Wahrheit Gottes ist dies: Wenn Gott über den unendlichen Reichtum seines göttlichen Seins nachsinnt, sieht er *uns*, sieht, wie wundervoll wir sind und er verliebt sich derart in uns, dass diese Liebe uns erschafft, dass sie unser Sein als sein göttliches Bild und Gleichnis in die Welt bringt, das dazu bestimmt ist, das ewige Leben und die ewige Freude zu teilen, die Gott ist, und das wiederum ist Gott. Gott wird gedrängt durch Liebe; so ist die Schöpfung weder Aufgabe noch Notwendigkeit oder Verpflichtung, sondern reines Geschenk aus dieser Liebe. Zu sein, das Leben zu teilen, das Gott selber ist, in der Wahrheit zu leben, die Gott ist, in ewigem Dasein und ewiger Freude, die Gott ist, göttliches Bild und Gleichnis zu sein – das ist unsere Wahrheit, unsere Würde, unser Wert. Gottes Wahrheit ist dann in uns verleiblicht, wenn wir nicht nur existieren, sondern heilig sind in Gottes eigener Heiligkeit und schließlich glücklich sind in zeitenloser Ewigkeit, so wie Gott selber glücklich ist. „Das ist der Wille Gottes, deine Heiligung."[14] Die Fleischwerdung der Wahrheit Gottes in uns ist Gottes Verherrlichung.

Aber die Sünde, die Verneinung der Existenz Gottes, hintertreibt diese Wahrheit, angefangen bei Adam. Die Sünde führt uns ins Exil, treibt uns aus der Wahrheit, die in uns ist, hinaus, entfernt uns von unserer Wahrheit. Um in uns diese Wahrheit wiederherzustellen, um das wieder neu zu schaffen, was schon einmal erschaffen, jetzt aber ins Nichtsein versklavt wurde, um also das göttliche Bild wiederherzustellen und die Ähnlichkeit zu erneuern, von der wir entfremdet wurden, nahm Gott unser

14 1 Thess 4,3; eine Textstelle, die Caterina wohl mehr als hundert Mal in ihren Schriften zitiert.

Abbild und Gleichnis-sein als sein eigenes an. Gottes Weisheit, das Wort, das Fleisch wurde, Jesus, lebte die Wahrheit bis zum Tiefpunkt des Todes. Er setzte in Liebe sein Leben für die Wahrheit ein, so dass wir, die wir tot waren wegen unserer Sünde, das Leben zurück bekamen durch sein Blut; wir erhielten unsere göttliche Würde und unseren Wert als Bild Gottes zurück; wir wurden erneut heilig in Gottes Heiligkeit, teilen in Ewigkeit das göttliche Leben und die göttliche Freude und werden wieder zur Verleiblichung der Herrlichkeit Gottes.

In der Oikonomie von Inkarnation und Erlösung ist es das Mysterium des Wortes und des Blutes, das uns die Wahrheit Gottes offenbart. Und es ist das Wort und das Blut, das uns das Leben Gottes schenkt und uns lehrt, in der Heiligkeit Gottes zu leben als in Wahrheit und Liebe – weil Gott Wahrheit und Liebe ist.

Nach diesem Schema – sehr paulinisch und parallel zur mittelalterlichen scholastischen Theologie – verwebt Caterina ihre theoretischen Vorstellungen untrennbar mit dem, was sie lebt, wenn sie das Mysterium betrachtet und versucht, seine Bedeutung mit denen zu teilen, die sie um Rat fragen. Das Wort Gottes in Christus ist Gottes Weisheit, die „verrückt vor Liebe" ist; die Verrücktheit ist das Kreuz, das Geheimnis des Blutes. „Christus der Gekreuzigte – den Juden ein Ärgernis, den Heiden eine Torheit, für die Berufenen aber … Christus, Gottes Kraft und Gottes Weisheit."[15]

Blut ist für Caterina das Symbol, in dem die Realität des Kreuzes und der Auferstehung in ihrer Gänze ausgesagt wird. Es ist keine grauenvolle Obsession, wie manche es gesehen haben, sondern vielmehr die wunderbare Liebesverrücktheit, die das Kleid der Wahrheit Gottes in uns blutrot einfärbt mit Leben – Gottes Leben und unser Leben. Es ist das Blut, das leuchtende Feuer der Wahrheit und der Liebe, das die Quelle unseres Lebens ist, das die Trübung der „großen Lüge" von unseren Augen fort-

15 1 Kor 1,23f.

nimmt und uns die Wahrheit offenbart: „O Blut, du hebst die Dunkelheit auf und schenkst uns Licht, so dass wir die Wahrheit erkennen und den heiligen Willen des ewigen Vaters."[16]
Gottes Wahrheit und Gottes Wille sind ein und dasselbe. Gottes Wille ist kein despotisches Befehlen, das den blinden und ohnmächtigen Gehorsam von Sklaven verlangte, sondern die Verwirklichung der göttlichen Wahrheit in uns in Liebe und Freiheit.
Die Torheit der göttlichen Weisheit, die Hand in Hand mit der Wahrheit geht, ist ansteckend![17]

> „Wenn uns einmal die Wahrheit des Blutes bewusst geworden ist, werden wir berauscht von dieser Verkostung Gottes durch liebendes Erbarmen. …
> Mache es so wie ein unheilbarer Alkoholiker, der sich selber verliert und sich selber nicht mehr in den Blick nehmen kann (so schreibt Caterina an Bartolomeo Dominici, der nach ihrer Einschätzung zu pessimistisch ist und zu engherzig in seinem Dienst). Wenn er sich wirklich nach Wein verzehrt, trinkt er eben solange, bis sein Magen so sehr von diesem Wein erwärmt wurde, dass er ihn nicht länger bei sich behalten kann und er wieder herauskommt! Wirklich, Sohn, hier ist der Tisch, wo der Wein aufgetischt wird: Ich meine damit die durchbohrte Seite des Gottessohnes. Das ist das Blut, das uns erwärmt, das alle Kälte vertreibt, das die Stimme desjenigen, der es trinkt, klärt und Herz und Seele mit Freude erfüllt. Denn dieses Blut ist vergossen mit dem Feuer göttlichen Erbarmens. Es erwärmt uns so, dass wir aus uns heraus treten – und von diesem Punkt an können wir nicht mehr selbstsüchtig auf uns starren;

16 Brief T195, an Stefano Maconi.
17 Brief T227, an William Flete.

> wir sehen Gott als Gott und Gott in unseren Nachbarn. Wenn wir uns satt getrunken haben, strömt alles das über auf die Häupter unserer Brüder und Schwestern! Wir haben uns ein Beispiel genommen an dem Einzigen, der unaufhörlich an diesem Tisch sein Blut [seinen Wein] ausgießt, nicht zu seinem eigenen Nutzen, sondern zu unserem. Wir, die wir an diesem Tisch essen und der Nahrung ähnlich werden, die wir zu uns nehmen, handeln so, wie er handelt …"[18]

Die Wahrheit Gottes ist nie ohne Liebe, noch ist die Liebe Gottes je ohne Wahrheit. Wahrheit und Liebe Gottes sind identisch! Es ist der gekreuzigte und auferstandene Jesus, der uns in diese Wahrheit und in die Liebe einführt, in diese liebende Wahrheit und diese wahrhaftige Liebe. Er ist der „Meister der Wahrheit; er ist Weg, Wahrheit und Leben. Als Wahrheit ist er und zeigt er uns den Weg des Lebens. „Der Meister der Wahrheit", sagt Caterina, „übte die Tugend und dann erst predigte er sie."[19]

> „Er lehrte uns die Wahrheit und zeigte uns den Weg der Liebe, an den wir uns halten müssen. Und deshalb sagt er: ‚Ich bin der Weg, die Wahrheit und das Leben. Wer mir nachfolgt, geht nicht in der Finsternis, sondern kommt zum Licht.' So ist es. Wer auch immer diesen Weg in Wahrheit folgt, erhält von ihm das Leben in Gnade und geht im Licht in heiligstem Glauben; kommt in diesem Licht zur ewigen Anschauung Gottes."[20]

Jesus ist als der Gekreuzigte und Auferstandene der „WEG" für Caterina, über den sie in wundervollen Bildern spricht: Er ist die hell erleuchtete Straße, die Brücke über den Abgrund, den

18 Brief T208.
19 Brief T226, an Raimondo da Capua.
20 Brief T35, an Niccolò di Ghida, Giovanni Zerri und Niccolò di Jacomo di Vanuzzi.

unsere Sünde aufgerissen hat. Er ist eine Stiege, die wir aus Liebe hinauf gezogen werden. Er ist unser Gesetz, das Buch des Lebens, dessen scharlachrot gezeichnete Kapitel so deutlich geschrieben sind, dass sogar die ignorantesten und kurzsichtigsten Menschen sie lesen können, geschrieben auf Pergament aus der Haut eines Lammes, des einzigen Lammes Gottes.
Dieser Jesus leitet nicht nur uns, sondern alle Kreatur. Bedenken wir ein wenig die Mediation Caterinas zum Fest der Bekehrung Pauli aus dem Jahr 1337. Sie sagt zu Paulus:

> „Du, wunderbarer Paulus …,
> dir bewusst
> woher du gekommen bist
> und wohin du gehen wirst –
> dir nicht nur bewusst, wo du gegangen bist
> sondern auch der Straße, die dein Reiseweg war,
> weil du gekommen bist, um deinen Anfang und dein Ziel zu kennen.
> Du verstehst vollkommen das ganze Gesetz,
> das von der Weisheit selber in Kraft gesetzt worden ist,
> das WORT,
> das Gesetz, das dazu bestimmt ist, alles, was geschaffen ist, an sein Ziel zu geleiten –
> und sein Ziel ist sein Anfang.
> Dieses WORT wurde Fleisch
> und lebte unter uns.
> ER, der die Wahrheit ist,
> wurde durch sein Tun selber der Weg,
> auf dem wir zu jenem Leben gelangen,
> für das wir geschaffen wurden,
> das wir aber verloren hatten.“[21]

---

21 Gebet 4, 42f. S. Noffke nennt jeweils die Nummerierung und zumeist danach die Seite ihrer Übersetzung: The prayers of Catherine of Siena, a.a.O. [Anm. d. Ü.].

Aber dieser WEG ist kein „Spazierweg", der uns ohne Anstrengung unsererseits in Windeseile an unser Ziel bringen könnte. Wenn wir einmal die Wahrheit erblickt haben, sind wir *verantwortlich* dafür. „Als du nichts gesehen hast, warst du ohne Sünde, aber jetzt, da du sagst ‚Wir sehen', bleibt deine Sünde."[22]

> „Es ist schlimmer für uns, das Licht zu verlieren,
> nachdem wir einmal die Wahrheit erkannt haben,
> als zu der Zeit, bevor wir das Licht bekamen.
> Solche falschen Christen sind schlimmer als Ungläubige, und die Konsequenzen fürchterlich."[23]

Was ist der Grund dafür, dieses Licht zu verlieren, der Grund für diese neue Blindheit auf dem Weg? Caterina nennt es in ihrer mittelalterlichen Ausdrucksweise „Sinnlichkeit". Damit ist nicht die simple Wirklichkeit unserer physischen, mit Sinnen ausgestatteten Existenz gemeint. Diese „Sinnlichkeit". bedeutet vielmehr die Verdrehung unseres Menschseins, ein Zusammenbruch der Werte, einen Widerspruch zur Wahrheit und die Rückkehr zur „großen Lüge", die unsere Beziehung zu Gott leugnet [aufgrund unserer verdrehten Orientierung auf die Welt hin; Anmerk. d. Ü.]. Es ist der Selbst-Betrug, der uns dazu verführt, uns unsere eigene Wahrheit zu schaffen, entweder aus Selbstüberschätzung oder aus sklavischer Angst heraus, anstatt wahrhaftig und liebevoll Gottes Wahrheit zu suchen.

> „Diese Leidenschaft, die in der Angstgestalt einer möglichen Kränkung Gottes daher kommt, hat uns Sand in die Augen gestreut (dorthin, wo das Sehvermögen für den heiligsten Glauben sitzt), damit wir diesen Selbstbetrug nicht wahrnehmen oder nicht zur Wahrheit kommen."[24]

---

22 Joh 9,41.

23 Gebet 24, 208f.

24 Brief T62, an Sano di Maco u.a.

„Es gibt keinen anderen Weg, diesen Selbstbetrug mit Stumpf und Stiel auszureißen als den, mit deinem inneren Auge in die Wahrheit zu starren."[25]
„Öffne deines Herzens Auge und reiße jede Wurzel einer selbstsüchtigen Liebe und einer Sorge um dich selber aus, so dass es dir gelingt, die Wahrheit kennen zu lernen."[26]

In einem Brief an ihre guten Freunde Francesco di Pipino und seine Frau Agnesa in Florenz betet Caterina „dass jeder selbstsüchtige Wille, alle allzu menschliche Ehrfurcht und jede Sorge um Äußeres in euch sterben und allein Gottes freundliche Wahrheit in euch leben möge."[27] Gottes Wahrheit ist in der Tat freundlich. Sie erzwingt ihren Weg nicht durch die Illusionen hindurch, an denen wir uns in Selbstsucht oder in jener sklavischen Angst vor der göttlichen Gerechtigkeit festklammern, die nur herrschen kann durch Befehle und Strafen.
Leben wir aufgrund unseres Menschseins in unlösbaren Fesseln? Können wir nicht weise werden, bevor wir es längst sind? Die Antwort auf dieses Dilemma liegt für Caterina in der untrennbaren Verbindung von Wahrheit und Liebe. „Wenn du kein Liebhaber der Wahrheit bist, wirst du niemals die Wahrheit kennen."[28] Caterina ist sich sehr des scholastischen Satzes bewusst, dass Erkenntnis der Liebe vorausgeht; sie wiederholt ihn oft. Trotzdem weiß sie aber auch, dass es eine Tiefe der Erkenntnis gibt – das gegenseitige Erkennen von Eheleuten –, die allein aus der Liebe kommt. Wir müssen in der Tat Liebende und Ehegatten der WAHRHEIT werden.[29]
Das führt uns zu jener Dynamik, die für Caterinas Spiritualität

25 Brief T269, an Neri di Landoccio Pagliaresi.
26 Brief T9, an eine unbenannte Frau.
27 Brief T265.
28 Brief T102, an Raimondo da Capua.
29 Vgl. Brief T63, an Matteo Cenni, u.ä.

grundlegend ist: zur Dynamik der Erkenntnis Gottes und der Selbsterkenntnis des Menschen (ihr normaler, zusammenfassender Begriff dafür heißt schlicht und einfach *Selbsterkenntnis;* damit meint sie immer die Erkenntnis Gottes in uns als Menschen und unser eigenes Erkennen in Gott). So betont sie es in ihrer Korrespondenz immer wieder mit großem Nachdruck. Caterina bedenkt diesen Gedanken in ihren Gebeten.

Der vielleicht bezwingendste und lebendigste Ausdruck dieser Überzeugung findet sich im 10. Kapitel des *Dialog*, wo Gott spricht.

> „Stelle dir einen Kreis vor, der auf den Boden gezeichnet ist, und in seiner Mitte einen Baum, aus dessen Seite ein aufgepfropfter Schössling sprießt. Der Baum findet seine Nahrung in dem Boden, der so weit reicht wie der Kreis. Herausgerissen aus diesem Boden würde der Baum fruchtlos sterben. Das Bild des Baumes ist ein Bild für die Seele, die geschaffen wurde für die Liebe und die allein aus der Liebe lebt. In der Tat: Ohne göttliche Liebe, die die wahre und vollkommene Barmherzigkeit ist, würde die Seele den Tod statt das Leben als Frucht gewinnen. Der Kreis, in dem die Wurzel dieses Baumes, die Liebe der Seele, wachsen muss, ist die wahre Erkenntnis ihrer selbst. Diese Erkenntnis ist mit mir verbunden, die wie der Kreis weder Anfang noch Ende hat. Du kannst in diesem Kreis ständig umhergehen, ohne ihn je zu verlassen und findest weder Ende noch Anfang. Diese Erkenntnis deiner selbst und meiner in dir gründet im Mutterboden wahrer Demut, die genau so weit reicht wie die Ausdehnung des Kreises. … Falls deine Selbsterkenntnis von mir getrennt würde, gäbe es keinen vollkommenen Kreis. Stattdessen gäbe es einen Anfang in der Selbsterkenntnis, aber getrennt von mir würde sie enden in der Verwirrung.“

Diese Selbsterkenntnis ist für Caterina wie eine Zelle oder ein Haus. Es ist bemerkenswert, dass sie dieses Bild zu formen beginnt, als sie, ein aufsässiger Teenager, eine arrangierte Heirat verweigert und sich genauso dagegen wehrt, ihren Eltern zu sagen, warum. Caterina fühlte sich dadurch der Chance der Einsamkeit beraubt und zu einer Familiendienstmagd erniedrigt. Deshalb spielte sie quasi das Spiel, sich in ihrem Inneren eine Zelle vorzustellen, in die sie flüchten und mit ihrem Gott allein sein konnte.[30] Für die erwachsene Caterina ist diese Zelle nicht mehr der Ort, an den sie flüchtet. Jetzt hat diese Zelle – oder dieses Haus – Fenster, durch die die Sonne der Liebe hinein strahlen kann, und eine Tür, durch die sie gehen kann, um zu teilen, was sie in seinem Inneren erkannt hat.[31] Die Lampe, die die innere Finsternis erleuchtet, muss dabei mit hinaus genommen werden in die Nacht, um andere zu erleuchten.[32]
Das Haus der Selbsterkenntnis ist der Ort des Gebetes, wo wir gleichsam unverwandt „in Gott hinein starren, um Gottes Wahrheit kennen zu lernen." Es ist der Ort, an dem wir „das Gutsein Gottes in uns" sehen. „O, in uns ist ewiges Leben, und wir wissen es nicht!"[33] – „Wir müssen in der Beobachtung und im ständigen Gebet in diesem Haus leben, weil unser Geist wach sein muss, damit er dazu kommen kann, Gottes süßen Willen zu erkennen und nicht in den Schlaf selbstsüchtiger Liebe verfällt."[34] Wir müssen sein wie die Jünger im Obergemach nach der Himmelfahrt Jesu, die dort darauf warten, dass uns der Geist gesandt wird.[35]
Das Haus der Selbsterkenntnis ist dort, wo wir die ewige Wahrheit studieren, „so dass alles, was wir tun, getan werden kann im

30 Leben I, IV, 49, 46.
31 Brief T315, an Pietro da Milano; Gebet 15, 130.
32 Brief T17, an Antonio da Nizza.
33 Gebet 17, 149f.
34 Brief T351, an Papst Urban VI.
35 Vgl. Dialog 66, 123.

Licht der Unterscheidung."[36] Wir müssen „willens sein, nach der Wahrheit Ausschau zu halten und sie zu untersuchen durch unterscheidungsfähige und gewissenhafte Personen."[37] Wir müssen die Wahrheit suchen, wo immer sie gefunden werden kann:

> „Wir müssen die Wahrheit in unseren Mitmenschen sehen und erkennen, gleichgültig, ob sie hoch oder niedrig gestellt sind, Fürsten oder kleine Leute. Ich meine, dass, wenn sie etwas tun und uns bitten, es auch zu tun, wir fragen sollten, ob das in der Wahrheit begründet ist oder nicht und was ihre Handlung motiviert. Wenn wir das nicht tun, handeln wir dumm und blind. Wir folgen einem blinden Führer, der auf dem Boden der Lüge steht. Wir zeigen damit, dass die Wahrheit nicht in uns ist, weil wir nicht nach der Wahrheit forschen."[38]

Das Haus der Selbsterkenntnis ist dort, wo uns durch die Betrachtung des Gutseins Gottes und unserer Sünde bewusst wird, dass das Kreuz beides ist: unsere Erlösung und unsere Berufung, für die Erlösung der Welt zu leben.

> „Du, Wahrheit –
> [Caterina betet hier im Haus ihrer Selbsterkenntnis]
> DU sprichst mir von der Wahrheit, seit ich nicht weiß, wie ich über die Wahrheit reden soll. Ich weiß nur zu reden über die Dunkelheit, weil ich der Frucht deines Kreuzes nicht gefolgt bin. Ich habe nur die Dunkelheit gekannt und bin der Dunkelheit gefolgt …
> Belehre mich also über die Wahrheit deines Kreuzes, und ich will hören."[39]

---

36 Brief T42, an Neri di Landoccio Pagliaresi.
37 Brief T55, an Guglielmo, Prior und Kartäusergeneral.
38 Brief T312, an Königin Giovanna von Neapel.
39 Gebet 24, 207.

Das ist eine machtvolle Einsicht: Solange wir der „Frucht des Kreuzes" nicht folgen – das bezieht sich auf alles, was das Kreuz Christi beinhaltet –, können wir nicht predigen, können wir nicht „wissen, wie wir über die Wahrheit reden sollen"!
Wenn wir den Weg der Wahrheit gehen, den verrückten Weg des Kreuzes, wenn die Wahrheit der verrückten Weisheit Gottes in uns ist, erfahren wir seine Auswirkungen. Wir finden zu einer Klarheit, die „richtig urteilt", die das Geheimnis, das Sakrament, von Gottes Wahrheit in allem sieht.[40] Sobald wir die Wahrheit erkannt haben, so schreibt Caterina an einen Menschen, der jammert und klagt, „erweisen wir allen Dingen die gebührende Ehrfurcht; wir beurteilen Gottes Willen und Vorsehung in uns richtig, weil diese Vorsehung für uns alles bereit hält, was wir brauchen, und dieser Wille nichts anderes will als unser Wohlergehen."[41] An Angelo, den Bischof von Castello, schreibt sie, Wahrheit „macht das Herz erwachsen und stabil; es flattert nicht länger umher. Ich meine damit, dass Schwierigkeiten es nicht weiterhin in die Ungeduld treiben oder dass Bewunderung es in eine ungeordnete Freude treibt. Auf all seinen Wegen sind seine Vorlieben ausgeglichen."[42]
„Du solltest die Wahrheit kennen, und die Wahrheit wird dich frei machen."[43] Wahrheit befreit uns. Sie befreit uns von der Vergangenheit. „Dreh dich nicht um, um auf das zu schauen, was du schon umgepflügt hast", schreibt sie an Königin Giovanna von Neapel, „sondern folge unbeirrt dem Weg der Wahrheit."[44] Wahrheit befreit uns von Verwirrung und Bestürzung: „Nichts kann diejenigen irritieren, die in der Wahrheit sind."[45] Wahrheit befreit uns von Doppelzüngigkeit, von der Angst, anderen zu

40 Vgl. Gebet 9, 69f.
41 Brief T307, an eine sich beklagende Frau.
42 Brief T341.
43 Joh 8,32.
44 Brief T76.
45 Wiederum an Giovanna von Neapel: Brief T348.

missfallen, wenn wir geradlinig sind. Jemand, der nicht in der Wahrheit lebt, hat ein trügerisches Herz, das weder aufrichtig noch großzügig ist, sondern doppelbödig, so dass es anders redet als es denkt, das die Wahrheit verbirgt und Lügen erzählt, falls das zu seinem Vorteil ist."[46] An eine Gruppe von Florentiner Frauen schreibt Caterina: „Lasst euren Geist nicht erfüllt sein von Phantasien, sondern von wahrer, fester Tugend, liebend mit einem Herzen, das aufrichtig und nicht falsch ist, frei und keine zwei Gesichter hat."[47] Und an den Mönch Giovanni dalle Celle: „Geh deinen Weg in aufrichtiger Wahrheit, die niemals verdorben wird durch die Suche nach menschlichem Ansehen."[48]

Die Wahrheit Gottes, so schreibt Caterina an Bartolomeo Dominici, ist nicht dafür gemacht, in uns verborgen zu bleiben. Wir müssen sie bekannt machen und sie leben in liebendem Dienst. Es ist nicht unsere Wahrheit, sondern Gottes Wahrheit: „Es ist deine Wahrheit, die die Wahrheit anbietet, und in deiner Wahrheit spreche ich die Wahrheit."[49]

Wir müssen sie verkünden mit Liebe und Feinfühligkeit. „Lass die Wahrheit deine ständige Freude sein. Lass in deinem Mund die Wahrheit sein. Verkünde sie als notwendig: liebenswürdig; verkünde sie jedermann, besonders denen, die du besonders liebst – aber mit einer gewissen Seelenverwandtschaft, indem du die Schuld der anderen auf dich nimmst."[50]

Wir müssen die Wahrheit verkünden, wo immer sie gebraucht wird. So bestand Caterina z.B. vor Papst Urban VI. darauf, dass sie und ihre Anhängerinnen und Anhänger die Wahrheit verkündeten, „wo immer es Gottes Wille sei, sogar Eurer Heilig-

46 Dialog 33, 75.
47 Brief T82.
48 Brief T322.
49 Gebet 21, 193.
50 Brief T51, an Felice da Massa.

keit gegenüber."[51] „Wahrheit schweigt nicht, wenn es Zeit ist zu reden. Wahrheit schweigt, wenn es Zeit ist zu schweigen, und in ihrem Schweigen schreit sie mit dem Schrei ihrer Bereitschaft zu leiden."[52]

Wir müssen die Wahrheit furchtlos verkünden, gleichgültig, was es uns kostet. "Verkünde die Wahrheit! Lass keine Art von Furcht dich zum Schweigen bringen über die Wahrheit. Verkünde sie frei und großzügig."[53] „Verkünde die Wahrheit, sogar dann, wenn es dich das Leben kostet!"[54] Und für sich selbst betet Caterina: „Was mich angeht, Gottes erbärmliche Tochter, möge er mir die Gnade geben, immer die Wahrheit zu verkünden – und für diese Wahrheit zu sterben."[55]

Da wir einst Gottes Wahrheit erkannt haben, da uns die unaussprechliche Liebe Gottes durch das Blut (Christi) offenbart wurde[56], reicht es nicht, die Wahrheit nur mit Worten zu verkünden. Wir müssen sie verkünden gerade auch im Geschenk unseres Dienstes für andere.

> „Ich bat dich, mich zu lieben mit derselben Liebe, mit der ich dich liebe [so sagt Gott zu Caterina im Dialog]. Nur: du kannst das für mich nicht tun, denn ich liebte dich, ohne geliebt zu sein. Welche Liebe auch immer du zu mir hast, du gehörst mir, deshalb liebst du mich nicht, ohne eine Gegenleistung zu erwarten, sondern aus Pflicht, während ich dich nicht aus Pflicht liebe, sondern umsonst. So kannst du mir nicht diese Liebe erweisen, um die ich dich bitte. Deshalb habe ich dich unter deine Mitmenschen gestellt: Für sie kannst du

---

51 Brief T306.
52 Brief T284, an Kardinal Pedro da Luna.
53 Brief T330, an Raimondo da Capua.
54 Brief T181, an Nicola da Osimo.
55 Brief T277, an Alessa dei Saracini.
56 Vgl. Brief T199, an Niccolò da Vezzano.

> das tun, was du für mich nicht tun kannst: sie zu lieben, ohne Dankbarkeit zu erwarten und ohne nach einem Vorteil für dich Ausschau zu halten. Alles, was du für sie tust, will ich wägen, als sei es für mich getan.[57] So, wie die Seele mich in Wahrheit liebt, so dient sie also auch dem Nächsten in Wahrheit. Sie kann nicht anders handeln, denn die Liebe zu mir und die Liebe zum Mitmenschen sind ein und dasselbe."[58]

„Ich bin der WEG, die WAHRHEIT und das LEBEN."[59] In dieser einfachen Aussage Jesu fand Caterina die gesamte Heilsgeschichte und, wortwörtlich, ihre Lebens-Weise. Die Weisheit Gottes war wie berauscht und verrückt aus Liebe; Caterina erjagte diese Verrücktheit und war ihrerseits berauscht von Gottes Wein. Die WAHRHEIT und das LEBEN, das Gott ist, hielten sie gefangen, und sie warf ihr ganzes Leben in seine Waagschale für das Leben der Welt.

57 Dialog 64, 121.
58 Dialog 7, 36.
59 Joh 14,6.

2. Liebe – der einzige Weg, um in der Wahrheit zu leben

Ich habe den zentralen Gedanken Caterinas wie folgt beschrieben: Gott ist Wahrheit und Liebe, offenbart in Jesus Christus. In Gott gibt es keine Wahrheit ohne Liebe, daher können wir nicht in der Wahrheit leben, ohne in der Liebe zu leben. Auch ist die Liebe nicht echt, wenn sie nicht jeglicher Prüfung der Wahrheit standhält. Als Symbol für diese Dynamik dient Caterina das Herz: das Herz Jesu, welches Gott als Liebe offenbart, und das menschliche Herz, welches auf diese – in Menschlichkeit eingepflanzte – göttliche Liebe antworten möchte. Das Herz (*cuore*) hat bei Caterina nicht dieselbe philosophische Präzision wie etwa ihr sehr augustinischer Gebrauch der Dreiheit von Gedächtnis, Verstand und Willen. Es korreliert eher mit zwei anderen Begriffen, die mehr um die Integration des menschlichen Geistes zu ringen scheinen: *affetto* und *mente*. Obwohl *affetto* meist mit „Zuneigung" übersetzt wird, hat es eher mit der Tätigkeit des Willens zu tun. Es trägt die Bedeutung von Bewegung in sich, von Impuls, von einem Auf-etwas-Hin. Der Wille strebt nach dem, was Gedächtnis und Verstand als gut ausweisen. *Mente* wird meist mit „Verstand" übersetzt, meint aber die Gesamtheit des menschlichen Geistes. Das Herz erscheint in Caterinas Schriften als die körperliche Realität, die es ist, aber mehr noch als der Sitz aller menschlichen (und entsprechend dazu aller göttlichen) Reaktion. Wir finden Ausdrücke wie „Herz und Geist" (*mente*), „Herz und Zuneigung" (*affetto*), „kaltes Herz", „hartes Herz", „erhebe dein Herz". Das Herz ist der Ort, an dem Gut und Böse wohnen. Aus dem Herzen kommen gute und böse Absichten. Im Herzen ist Gott gegenwärtig. Wenn – um augustinische und scholastische Ausdrücke zu verwenden – die Wahrheit im Verstand (Intellekt) wohnt und die

Liebe im Willen, dann ist das Herz jener Ort, an dem Wahrheit und Liebe einander begegnen und eins werden. Oder negativ gewendet: wenn die Liebe im Herzen unwahr, eigennützig und selbstbezogen ist, ist sie in der Tat wie eine Wolke vor dem Fenster des Verstandes, die das Licht der Wahrheit, des Glaubens abschirmt.[60]

Deshalb ist die Nächstenliebe, welche nur echte Liebe sein kann, wenn sie in Gott entspringt, die einzige Quelle des Lebens für das menschliche Herz. Sie ist das einzige Mittel, durch das das menschliche Herz in diesem Leben Gott „sehen und erfahren" und die Wahrheit und Liebe umarmen kann, die Gott ist, im Folgen der Fußstapfen Jesu.[61]

Das Herz Jesu als Offenbarung des Herzens Gottes

Bevor wir uns den einzelnen Aspekten des Geheimnisses Jesu in Caterinas Spiritualität zuwenden können, müssen wir kurz einen Blick auf Caterinas trinitarische Sprache werfen, deren Grundlagen sie von Augustinus übernimmt. Die Zuschreibung von Macht an den Vater, von Weisheit an das Wort und von liebender Barmherzigkeit/barmherziger Liebe an den Heiligen Geist ist ein ständig wiederkehrender Schwerpunkt in ihrem Gedankengang. Die höchste Entsprechung zur so verstandenen Trinität ist die menschliche Dreiheit von Gedächtnis (Vater),

60 Vgl. z.B. in Brief T287, an Bruder Niccolò di Nanni di Ser Vanni von Monteoliveto und an Don Pietro di Giovanni di Viva, Kartäusermönch in Maggiano nahe Siena: „Man kann die wahre Liebe nicht erreichen, wenn das Herz und die Zuneigung nicht von der eigennützigen Selbstliebe gereinigt werden. Solch eigennützige Liebe und Weichheit gegenüber den eigenen selbstsüchtigen sinnlichen Leidenschaften raubt einem das Leben der Gnade und verdunkelt das Licht des Verstandes; sie ist in der Tat eine Wolke vor der Pupille [des Auges], dem Licht des heiligsten Glaubens."

61 Vgl. Gebet 19, 170-175.

Verstand (Wort) und Wille (Heiliger Geist). Caterinas konkrete Bilder für die Personen der Trinität und deren Implikationen für die vorliegende Studie finden ihren Platz in diesem Rahmen.

Caterina besteht immer und immer wieder darauf, dass man niemals von nur einer Person der Trinität sprechen kann, ohne gleichzeitig wenigstens indirekt auch von den anderen zu sprechen, da Gott unteilbar ist. Das ist nirgendwo zutreffender, als wenn wir vom Geheimnis Jesu sprechen. Folglich gilt: „Im gekreuzigten Christus finden wir den Vater und haben Anteil an seiner Macht; wir finden die Weisheit des eingeborenen Sohnes Gottes, die unser Verstehen erleuchtet; wir sehen und erfahren die Barmherzigkeit des Heiligen Geistes, indem wir die zärtliche Liebe entdecken, mit der Christus uns an seinem Leiden Anteil gab.“[62] Immer wenn wir das Geheimnis Christi bedenken, ist die Trinität in Caterinas Denken gegenwärtig, besonders in der engen Beziehung zwischen dem fleischgewordenen Wort und dem Geist.

Für Caterina ist die grundlegende Wahrheit unserer Beziehung zu Gott, dass Gott uns „aus grenzenloser Liebe“ und „für die Liebe“ geschaffen hat, damit wir heilig werden und ewig Anteil haben an der göttlichen Güte. Aber da das menschliche Herz durch die Sünde von Gottes Liebe entfremdet wurde, könnte diese Wahrheit niemals verwirklicht werden, es sei denn durch das Geheimnis der Erlösung. Das ist der Grund, weshalb wir die Wahrheit der göttlichen Liebe (und daher die Wirklichkeit dessen, wer wir sind) nur in Christus entdecken können, und zwar speziell im *gekreuzigten* Christus. Für Caterina (wie für Johannes) ist der Ort dieser Entdeckung die geöffnete Seite des Gekreuzigten, da wir dort, in seinem Herzen sehen, wie grenzenlos wir geliebt sind.

Warum, so fragt Caterina im *Dialog*, wollte Christus sein Herz

62 Brief T158, an Nino da Pisa. Zur Veranschaulichung dieser Unteilbarkeit der Trinität s. auch (um nur einige Beispiele zu nennen) Gebet 10, 78f.; Dialog 110, 206.

durchbohrt haben, als er bereits tot war? „Es gab viele Gründe, doch ich will dir einen der wichtigsten nennen. Meine Sehnsucht nach der Menschheit war unendlich, aber das tatsächliche Werk des Ertragens von Schmerz und Qual war endlich und konnte niemals all meine Liebe zeigen. Darum wollte ich, dass ihr das Geheimnis meines Herzens seht, wollte es euch geöffnet zeigen, so dass ihr sehen würdet, dass ich euch mehr liebte, als endliches Leiden zeigen konnte."[63]

Das „Geheimnis seines Herzens" ist sein innerstes Herz, „geheim" in dem Sinne, dass es verborgen war, bis es offenbart wurde, als seine Seite durchbohrt wurde.[64] Das verwundete Herz des Gekreuzigten ist daher eine Offenbarung, eine Offenbarung der Liebe, die von Caterina abwechselnd als Liebe Christi und, weil sie unteilbar als Liebe Gottes beschrieben wird. Zugleich ist es eine Einladung, wie es die Liebe immer ist, nämlich die Einladung zu betrachten, sich verzehren zu lassen, zu baden, sich zu verbergen, zu trinken, auszuruhen. Die Grundlage dafür, von Caterina mehrmals ausdrücklich zitiert (frei nach der Vulgata), ist Joh 12,32: „Und ich, wenn ich über die Erde erhöht bin, werde alle zu mir ziehen." Denn „das menschliche Herz wird immer von der Liebe angezogen."[65] – „Um die Zuneigung der Seele zu den hohen Dingen zu ziehen und das Auge des Verstandes dazu zu bringen, ins Feuer zu schauen, wollte dein ewiges Wort erhöht werden."[66]

Wir sind eingeladen, zunächst zu schauen, das Geheimnis zu betrachten, das im geöffneten Herzen des Gekreuzigten offenbart ist. Wenn Caterina vom Gegenstand dieser Betrachtung spricht, betont sie immer wieder, dass wir in diesem Herzen

---

63 Dialog 75, 138; vgl. auch Brief T55, an Don Guglielmo, Generalprior der Kartäuser.

64 Caterina könnte diese Idee übernommen haben vom hl. Bernhard, In Cantico sermo LXI: „Das Geheimnis seines Herzens ist offenbart durch die Verwundung seines Leibes."

65 Dialog 26, 65.

66 Gebet 19, 172.

den „Gott-Menschen“ (*Dio-e-uomo*) finden, d.h. das ganze Geheimnis der Inkarnation des Wortes, das ganze Geheimnis von Gottes Umgang mit der Menschheit, das ganze Geheimnis der Schöpfung, Erlösung und Rettung. Das bedeutet, Selbsterkenntnis und Erkenntnis Gottes zu finden, zu entdecken, wer wir *in Gott* sind und wer Gott *für uns* ist. Und es bedeutet, „herzliche Liebe zu entdecken, denn alles, was Christus in uns tut, tut er – wie dies zeigt – mit dieser Art von herzlicher Liebe.“[67]

Das Geheimnis, in das wir im Herzen Christi blicken, wird oft als Feuer beschrieben: „Du wirst Feuer entdecken“[68], „denn damals [in der Passion] begann das Feuer, das unter unserer Asche verborgen lag, sich selbst völlig und freigiebig zu zeigen, indem er seinen heiligsten Leib aufbrach am Holz des Kreuzes.“[69] (In einem Ofen ist es *verbrauchte* Asche, die das Feuer zwischen den darunter liegenden Kohlen am Brennen hält und jederzeit weggeblasen werden kann, wenn das Feuer wieder in voller Flamme gebraucht wird. Was für ein kraftvolles Bild!) Wir werden immer und immer wieder eingeladen, besonders in den Briefen Caterinas, uns selbst in dieses Feuer zu werfen und uns dort verzehren zu lassen, eins geworden mit dem Feuer, das nichts anderes ist als Gottes Liebe, Gottes Geist.

Die Passion Jesu ist für Caterina in der Tat ebenso sehr das Werk des Heiligen Geistes wie die Inkarnation selbst, „denn es gibt kein Blut ohne Feuer.“[70] So treten wir nochmals ein in das Geheimnis des Blutes Christi, welches so sehr alle Schriften Caterinas durchdringt. Sie beginnt jeden Brief mit: „Ich, Caterina, … schreibe dir in seinem kostbaren Blut.“ Und: „Es gibt kein Blut ohne Feuer.“ Jedes Attribut des Geistes wird zugleich dem Blut zugeschrieben. So ist das Blut Liebe, Barmherzigkeit, Großzü-

---

67 Brief T158 an Nino da Pisa, Priester.

68 Ebd.; s. auch Brief T75, an das Kloster von San Gaggio in Florenz und an die Äbtissin und die Nonnen des Klosters von Monte Sansavino, u.ö.

69 Gebet 19, 172.

70 Brief T80 an Meister Giovanni Terzo.

gigkeit, Mitgefühl, Befreiung, „denn das Blut wurde aus Liebe vergossen."[71] Es ist der Heilige Geist, der das Fass des Leibes Christi ansticht, um sein Blut für uns fließen zu lassen.[72] „O grenzenlose Liebe, Barmherzigkeit! Ich bin nicht überrascht, dass ich in deinem Blut die Kraft des Mitgefühls finde, denn es war aus deinem göttlichen Mitgefühl heraus, nicht weil du es uns geschuldet hättest, dass du dein Blut vergossen hast. Und du hast Rache genommen an der grausamsten aller Grausamkeiten, jener Grausamkeit, die wir uns selbst antaten, als wir uns durch die Sünde des Todes würdig machten."[73]

Als Feuer der Barmherzigkeit verzehrt das Blut sein Gegenteil, die Sünde, welche letztlich selbstsüchtige Eigenliebe ist, eine Feuchtigkeit, die das Holz unseres Wesens daran hindert, ganz eins mit dem Feuer zu werden.[74] So sieht Caterina das Feuer als ein Reinigungsbad und ruft ihre Jünger immer wieder dazu auf, darin einzutauchen. Als sie das Hervorfließen von Blut und Wasser aus dem von der Lanze des Longinus durchbohrten Herzen Jesu[75] kommentiert, sieht sie im Wasser die Reinigung durch das Sakrament der Taufe und im Blut die Reinigung durch das Martyrium („Begierdetaufe") und das Sakrament der Beichte.[76]

Eine der vielleicht reichhaltigsten Bildkompositionen in Caterinas Schriften kreist um die Einladung, aus der geöffnete Seite Christi zu trinken. Ihre Vorliebe für dieses Geheimnis wurzelt sicher in der eigenen Erfahrung, die sie sehr früh in ihrem öffentlichen Wirken machte: Um sich selbst dazu zu bringen, bei der mürrischen Andrea zu bleiben, die sie pflegte, presste sie

71 Brief T158.

72 Brief 136 an Angelo da Ricasoli: „Seine Menschlichkeit ist das Fass, eingeschlossen in die göttliche Natur, und der Kellermeister, das Feuer und die Hand, die der Heilige Geist ist, hat das Fass angestochen am Holz des heiligsten Kreuzes."

73 Brief T210 an Matteo Cenni; vgl. auch Gebet 19, 172.

74 Vgl. Brief T80; Dialog 66, 125.

75 Vgl. Joh 19,34.

76 Vgl. Dialog 17, 138f.

ihren Mund auf die krebsbefallene Brust der Frau und trank bei anderer Gelegenheit das übelriechende Wasser, mit dem sie die Wunde gewaschen hatte. In der folgenden Nacht fühlte sie sich auf mystische Weise zu Jesus gezogen, um aus der Wunde in seiner Seite zu trinken.[77]

Immer wenn Caterina vom Trinken aus der Seite Christi, aus seinem Herzen spricht, ist die unabdingbare Voraussetzung dafür die Bereitschaft, auf alle selbstsüchtige Eigenliebe zu verzichten, um „so gesättigt und trunken zu werden, dass wir nicht mehr uns selbst sehen“, dass wir nichts mehr sehen „außer dem Blut, das mit so glühender Liebe vergossen wurde.“[78] Hier wird die Begegnung mit der offenen Seite Christi, mit dem „Geheimnis seines Herzens“ (der zweiten Stufe auf Caterinas dreistufiger Brücke des Gekreuzigten, der Barmherzigkeit), eins mit dem „Kuss des Friedens“ (der dritten und höchsten Stufe).[79] Caterinas mystische Erfahrung singt hier geradezu in ihren Bildern. Barmherzigkeit ist die Mutter, an deren Brust die Seele die Milch der göttlichen Güte trinkt, welche alles Bittere in Süßigkeit verwandelt. Diese Mutter Barmherzigkeit ist zugleich der Heilige Geist und der gekreuzigte Christus. „Solch eine Seele [ganz hingegeben an Gottes Liebe] hat den Heiligen Geist zur Mutter, die sie an der Brust der göttlichen Barmherzigkeit nährt. Der Heilige Geist hat sie frei gemacht, sie als ihr Herr aus der Sklaverei der selbstsüchtigen Eigenliebe entlassen.“[80]

> „Sie empfängt die Frucht der geistlichen Ruhe, Einheit der Emotionen mit meiner sanften göttlichen Natur, in welcher sie Milch kostet, wie ein Kleinkind, das an der Brust seiner Mutter ruht, die Brustwarze nimmt und

77 gl. Leben II, IV, 154-164, 148-157.

78 Brief T75 an das Kloster San Gaggio in Florenz und an die Äbtissin und die Nonnen von Monte Sansavino.

79 Vgl. Dialog 26, 64f.; ebd., 75f., 137-141.

80 Dialog 141, 292.

> ihre Milch aus ihrem Fleisch trinkt. Auf diese Weise ruht die Seele, welche diese höchste Stufe erreicht hat, an der Brust meiner göttlichen Barmherzigkeit und nimmt das Fleisch des gekreuzigten Christus in den Mund ihres heiligen Verlangens."[81]
> „Christus handelte wie eine Amme, die ein Baby stillt. Ist das Baby krank, nimmt sie selbst die Medizin, denn das Kind ist klein und schwach und könnte die Bitternis nicht ertragen, weil es ja nichts anderes als Milch trinkt. Oh süßeste Liebe, Jesus! Du bist die Amme, die die bittere Medizin nahm … Du nahmst die Bitternis auf dich, auf dass wir Gesundheit erlangten."[82]

Diese Brust der Barmherzigkeit ist also das Herz des gekreuzigten Christus, so beteuert Caterina es immer und immer wieder. Um dort trinken zu können, müssen auch wir offen sein für diese Liebe, die zur Kreuzigung führen mag und die für das Heil unseres Nächsten alles auf sich nimmt:

> „Ich verlange danach, dich allezeit an der Brust der sanften Mutter Barmherzigkeit saugen zu sehen, denn ich bin überzeugt, niemand kann das Leben haben ohne die Milch, die diese herrliche Mutter uns gibt. Sie ist so süß und mild für die Seelen, die sie kosten, dass in ihr alles Bittere zu Süßigkeit wird und jede schwere Last leicht. Das überrascht mich nicht, denn wenn wir in dieser Barmherzigkeit leben und lieben, dann leben wir in Gott. So sagt der heilige Johannes: ‚Gott ist die Liebe, und wer in der Liebe bleibt, bleibt in Gott und Gott bleibt in ihm.' (1 Joh 4,16) … Und so wie ein Baby die Milch aus der Brust seiner Mutter saugt, so saugen

81 Dialog 96, 179 [korrigierte Übersetzung des veröffentlichten Textes; Anm. d. Ü.].
82 Brief T260, an die Gefangenen in Siena.

> Seelen, die Gott lieben, durch den gekreuzigten Christus Gott zu sich. … Lass dein Herz und deine Seele bersten in der Hitze der Liebe, indem du an dieser Brust der Barmherzigkeit aus dem Fleisch des gekreuzigten Christus trinkst.[83]
> „Wir können in der Tat andere nicht nähren, wenn wir nicht zuerst unsere eigene Seele mit wahren, festen Tugenden genährt haben [der einzige Beweis dafür, dass die barmherzige Liebe in uns lebendig ist, sagt Caterina], und wir können es nicht tun, wenn wir uns nicht an die Brust der Barmherzigkeit klammern und von dieser Brust die Milch der göttlichen Süße saugen. … Daher müssen wir uns an die Brust des gekreuzigten Christus klammern, in dem die Mutter Barmherzigkeit ist. Und aus seinem Fleisch sollen wir die Milch saugen, die unsere Seele nährt, die Kinder der Barmherzigkeit, die Tugenden. … Und wir können uns von dieser Milch nicht nähren ohne Leiden."[84]

Mit anderen Worten, wir sind wieder bei Caterinas Erfahrung mit der mürrischen Andrea angelangt: Wir können nicht aus dem Herzen Christi trinken, wenn wir nicht bereit sind, aus den Wunden unserer Nächsten zu trinken! Wenn wir es aber tun, werden wir selbst zur Quelle derselben Nahrung für andere, indem wir „in uns selbst die süße Mutter Barmherzigkeit tragen."[85] Die geöffnete Seite Christi ist für Caterina also eine Höhle der Zuflucht und Ruhe. Vom Beginn unseres Lebens mit Gott an ist sie ein Ort der Zuflucht vor der Versuchung zur selbstsüchtigen Eigenliebe, eine Zufluchtsstätte, wo wir lernen kön-

83 Brief T165, an Monna Bartolomea di Salvatico von Lucca.
84 Brief T86, an die Äbtissin von Santa Maria degli Scalzi.
85 Brief T356, an drei neapolitanische Frauen. (Ich habe den Text hier von der zweiten in die erste Person gesetzt, um in diesem Zusammenhang die Kontinuität zu wahren.)

nen, was wahre Liebe ist[86], die „Zelle“, in der wir Selbsterkenntnis und Gotteserkenntnis finden.[87] Schließlich ist sie auch ein Ort der Intimität, der Ruhe, des Friedens, unser Heim, der Ort, an den wir gehören.[88]

Das menschliche Herz antwortet

Wie gesagt ist das Herz der Ort, an dem Wahrheit und Liebe einander treffen und umarmen – oder die Umarmung verweigern. Hier wird Caterinas Bild des Auges bedeutsam. Der Verstand ist unser geistliches Auge. Seine Pupille (die Öffnung, die das Licht der Wahrheit herein lässt) ist der Glaube.

Selbstzentriertheit ist eine Wolke, die diese Pupille verdeckt und die Realität verzerrt, so dass Wahrheit wie Falschheit aussieht, und Falschheit wie Wahrheit. Tugend erscheint abstoßend und Sünde erstrebenswert. Das Herz kann jedoch nicht anders, als in Liebe auf das zu reagieren, was der Verstand als gut präsentiert. So wird unsere Liebe – in der Beziehung zu unserer Bereitschaft, an der Selbstzentriertheit festzuhalten oder sie loszulassen – entweder die Falschheit oder die Wahrheit umarmen.

Wenn wir uns ehrlich bemühen, von der Selbstzentriertheit abzulassen (auf der ersten von Caterinas drei Stufen, den Füßen der Zuneigung[89]), werden wir in das offene Herz des gekreuzigten Christus blicken und dort die Wahrheit der Liebe Gottes zu

86 Vgl. Dialog 124, 239; Brief T47, an Pietro di Giovanni Venture von Siena. Weiterhin vgl. viele andere ihrer Briefe, in denen sie ihre Jüngerinnen und Jünger dazu aufruft, sich in der offenen Seite des gekreuzigten Christus zu bergen und dort Schutz zu suchen.

87 Vgl. Brief T36, an einige Novizen in Monteoliveto. Caterinas Symbolik des Herzens wird hier verbunden mit allem, was sie über diese „innere Zelle der Selbsterkenntnis und der Erkenntnis Gottes“ zu sagen hat.

88 Vgl. Brief T262, an Monna Tora, Tochter des Pietro Gambacorti von Pisa; Dialog 124, 239; Briefe T36, T47, T273.

89 Dialog 26, 54.

uns erkennen; die Wahrheit, dass Gott, der uns so unaussprechlich liebt, „uns zum Ruhm und Lobpreis seines Namens geschaffen hat, damit wir in ihm geheiligt werden und an seiner ewigen Schönheit teilhaben.“[90] Da wir nicht anders können, als das zu lieben, was uns unser Verstand als wahr zeigt, werden wir beginnen, diese Wahrheit Gottes zu lieben. Nun können in unserem Herzen „nicht zwei einander entgegengesetzte Lieben gleichzeitig leben“. Deshalb werden wir notwendigerweise unserer Selbstzentriertheit entkleidet und „in Gottes Liebe gekleidet“ werden. Intensiviert sich dieser Prozess, „findet der Teufel das Herz entflammt vom Feuer der göttlichen Barmherzigkeit vor, und dann kommt er nicht oft vorbei – so wie die Fliegen einen kochenden Kessel meiden.“[91]
Aber woher sollen wir wissen, wie wahr oder falsch, wie selbstzentriert oder wie sehr auf Gott hin unsere Liebe ausgerichtet ist? Unsere menschlichen Emotionen, sagt Caterina, sichtbar in unseren Tränen, werden es uns sagen, denn „alle Tränen kommen aus dem Herzen; auch gibt es kein anderes Körperteil, welches das Herz so befriedigen könnte, wie die Augen es können.“[92] Solange wir an unserer Selbstzentriertheit festhalten, sind die Tränen, die wir vergießen, und alle Emotionen, aus denen sie hervorquellen, im Wesentlichen leblos, ja sogar tödlich, denn sie werden verschwendet für unsere eigenen selbstsüchtigen Interessen und aufgrund falscher Werte. Sobald wir damit beginnen, ehrlich von dieser Selbstzentriertheit abzulassen, ist ein Raum da, in dem die Wahrheit Fortschritte machen kann. Natürlich halten sich in unserer Antwort einzelne Elemente der Selbstsucht für lange Zeit – vielleicht sogar unser ganzes Leben lang. Denn wir wachsen nicht sofort ganz in die

90 Brief T102, an Raimondo da Capua.
91 Brief T287, an Niccolò di Nanni di Ser Vanni, Monteoliveto, und an Pietro di Giovanni di Viva, Kartäuser von Maggiano.
92 Dialog 88, 161. Alles, was im Folgenden über Tränen und Emotionen gesagt wird, basiert – wenn nicht anders vermerkt – auf Dialog 88-96, 161-182.

vollkommene Wahrheit und Liebe hinein. So sind unsere ersten lebensspendenden Tränen immer noch großen Teils für uns selbst; es sind Tränen des Kummers über die Sünde, aber nur weil für uns Sünde Strafe bedeutet. Die Reaktionen unseres Herzens auf andere Menschen sind die gleichen: Wir reagieren aus Angst vor Gottes Zorn, der uns trifft, falls wir auf diese Menschen nicht reagieren sollten. Wenn wir jedoch zu erkennen beginnen, dass Gott barmherzig ist, werden unsere Tränen zu Tränen der Hoffnung, die aus den Anfängen der Selbsterkenntnis und der Erkenntnis der Güte Gottes entspringen. Aber diese Tränen und all unsere emotionalen Reaktionen haben auf dieser Stufe immer noch einen Anflug von „geistlicher Selbstsucht". Denn wenn wir aus dem einen oder anderen Grund des Trostes beraubt werden, der meist mit der Gottes- und Nächstenliebe einhergeht, werden unsere Tränen zu Tränen eines „zärtlichen Selbstmitleids". Nur in dem Ausmaß, in dem wir von dieser „geistlichen Selbstsucht" abgelassen haben, können wir auf jene Art der Liebe antworten, die wir im Herzen Jesu finden. Dies ist der gesegnete Augenblick, in dem unser Blick in das geöffnete Herz des Gekreuzigten verwandelt wird in den „Kuss des Friedens".

Aber wie sollen wir, die wir von Geburt an so selbstsüchtig sind, diesen Augenblick jemals erreichen? Wir können es nicht, außer durch echtes Verlangen. „Ich, der ich der unendliche Gott bin", sagt Gottvater zu Caterina im *Dialog*, „möchte, dass du mir dienst mit dem, was unendlich ist. Du hast nichts Unendliches außer der Zuneigung und dem Verlangen deiner Seele." Unser Verlangen ist der Mund, der sich an die Brust des gekreuzigten Christus presst, um zu trinken, und so den Ursprungsquell der wahren Liebe und der Barmherzigkeit küsst. Caterina betont, dass es sein *Fleisch*, seine Menschlichkeit ist, der wir uns so verbinden. „Mit anderen Worten, [die Seele] folgt seiner Lehre und seinen Fußstapfen, weil sie erkannt hat … dass sie nicht mir, dem Vater, folgen konnte. Denn kein Schmerz kann mich, den ewigen Vater, befallen, wohl aber meinen geliebten Sohn, das sanfte, liebende Wort. Und du kannst nicht ohne Schmerz gehen, sondern musst erprobte Tugend [Resultat und Erweis der Barmherzigkeit] erreichen durch Leiden. So ruht die Seele an der Brust des Gekreuzigten Christus, der meine Liebe *ist*, und so trinkt sie die Milch der Tugend."

Wir müssen am „Tisch des Kreuzes" essen, und unsere Nahrung müssen die Seelen (das ganze Personsein) unserer Nächsten sein, in demselben Sinn wie es die Speise Christi war, den Willen des Vaters zu tun, der ihn gesandt hatte. Dieser Wille war die Vollendung unserer Erlösung (unser volles Personsein in Gott). Dafür gibt es keinen Weg, der das Kreuz außer Acht lassen könnte.

Im Sommer 1370, als Caterina 23 Jahre alt war, betete sie: „Schaffe ein reines Herz in mir, o Gott." Christus antwortete darauf, indem er ihr auf mystische Weise ihr Herz nahm und es einige Tage später durch ein anderes ersetzte. Er sprach: „Sieh, liebste Tochter, vor einigen Tagen nahm ich dein Herz von dir; nun gebe ich dir auf dieselbe Weise mein eigenes Herz. In Zukunft musst du davon [von diesem Herzen] leben." Später wird Caterina darüber sagen: „Während dieses Feuer in mir brennt, … bringt es eine so grenzenlose Liebe für meinen Nächsten hervor, dass ich sofort, gerne und mit Freuden bereit wäre, den Tod für das Heil meines Nächsten zu erleiden."[93]

> „Das Herz ist wie eine Lampe. Wie eine Lampe sollte es unten eng und oben weit sein. Ich meine, deine Sehnsucht und dein Begehren sollten eingeschränkt sein, wo es um die Welt geht, während das Verlangen deines Herzens im gekreuzigten Christus überschwänglich sein soll, ihn liebend und an ihm festhaltend mit wahrer und heiliger Entschlossenheit. Denn

---

93 Leben, II, VI, 179-182, 174-177.

du wirst diese Lampe an der geöffneten Seite des gekreuzigten Christus füllen. Dort wirst du das Feuer der göttlichen Barmherzigkeit finden, wie es dir in Christi Wunden gezeigt wird, und seine offene Seite offenbart dir das Geheimnis seines Herzens, dass er, was er für uns gegeben und getan hat, aus simpler Liebe tat und gab."[94]

Im *Dialog* spricht Gott auch davon, dass das Gefäß unseres Herzens „gefüllt sei mit dem Meer, das ich selbst bin, die höchste, ewige Gottheit." Gefüllt mit diesem Meer, fließt es über in Barmherzigkeit, „und so weinen wir mit den Weinenden und sind fröhlich mit den Fröhlichen."[95] Das ist die gleiche Antwort, über die Caterina an Bartolomeo Dominici schreibt, wenn sie vom Wein spricht, vom Blut, das uns so wärmt, „dass es hervorsprudelt über die Köpfe unserer Schwestern und Brüder."[96] In ihrer eigenen verzweifelten Liebe zur zerbrochenen Kirche wird sie am Ende ihres Lebens beten: „Ich habe nichts zu geben als das, was du mir gegeben hast. Nimm also mein Herz und presse es aus über das Antlitz dieser Braut."[97]
So werden die Tränen, die wir vergießen, und das Blut, welches Jesu eigenes Blut ist, wenn wir mit der Liebe des Gekreuzigten lieben, zu einem Fluss, in dem andere gereinigt und erfrischt werden können. Immer und immer wieder versichert Caterina

94 Brief T112, an Gräfin Bandeçça (Benedetta) Salimbeni. Caterina hat das Bild der Lampe wahrscheinlich von Giovanni Colombini übernommen, der es in seinem Brief I verwendet, allerdings nicht so detailliert wie Caterina. Bei Girolamo da Siena (Soccorso deë poveri, 49) findet sich ein Vergleich der Jungfräulichkeit mit einer Lampe: unten eng und geschlossen, oben offen und brennend; vielleicht hat er das von Caterina übernommen.

95 Dialog 89, 164 [Caterinas dritte Person Singular wurde in die erste Person Plural gesetzt, um den durchgehenden Erzählfluss zu wahren; Anm. d. Ü.].

96 Brief T208.

97 Brief an Raimondo da Capua. Obwohl Niccolò Tommaseo diesen Brief als an Papst Urban VI. gerichtet ausweist, muss er aufgrund interner Anhaltspunkte ein Zusatz zu T373 an Raimondo da Capua gewesen sein. Sie scheint sich plötzlich an Urban zu wenden, obwohl sie weiterhin an Raimondo schreibt.

den Adressaten ihrer Briefe, dass sie solche Tränen für sie vergießt „mit Blut und Schweiß." Sie drängt ihre Jünger dazu, dasselbe zu tun. Diese Tränen, dieses Blut und dieser Schweiß sind in der Tat so eins mit dem Feuer der Barmherzigkeit, dass sie „Tränen von Feuer" sind, ob sie mit körperlichen Tränen einhergehen oder nicht. „In diesem Feuer weint der Heilige Geist in meiner Gegenwart für sie und ihre Nächsten. Ich meine, meine göttliche Barmherzigkeit setzt mit ihrer Flamme die Seele in Brand, die mir ihr ruheloses Verlangen schenkt, ohne körperliche Tränen. Ich sage dir, dies sind Tränen von Feuer, und auf diese Weise weint der Heilige Geist."

Das ist die Liebe des Gekreuzigten, zu der das menschliche Herz gerufen ist: „Du musst [andere] lieben mit derselben reinen Liebe, mit der ich dich liebe. Aber das kannst du gar nicht für mich tun, denn ich liebe dich, ohne von dir geliebt zu werden, schon bevor du existiert hast … Du kannst es mir nicht vergelten. Aber du musst diese Liebe an andere Menschen weitergeben, indem du sie liebst, ohne von ihnen geliebt zu werden. Du musst sie lieben, ohne auf deinen geistlichen oder materiellen Nutzen zu achten, sondern nur zum Ruhm und Lobpreis meines Namens, weil ich sie liebe."[98]

Beispiele für echte Liebe

Caterina spricht oft davon, andere „mit einer besonderen Liebe" zu lieben. Es ist die Liebe der Freundschaft, eine Liebe, die Geheimnisse teilen will.[99] Auf diese Weise liebt sie ihre Familie, ihre Jünger und engen Freunde. In ihren Briefen, in denen jede und jeder von ihnen so einmalig behandelt wird, dass es offensichtlich ist, dass Caterina sie sehr gut kennt und ihre Individua-

98 Dialog 88, 165.
99 Dialog 60, 115.

lität respektiert, wird diese Liebe deutlich, Das gleiche ist auch in ihren aufgeschriebenen Gebeten erkennbar, in denen sie oft jener besonders gedenkt, die Gott ihr gegeben hat, um sie „mit einer besonderen Liebe, einer besonderen Sorge zu lieben." Sie bittet Gott, sie selbst für deren Sünden zu strafen, „denn ich bin deren Ursache."[100] Sie möchte keinesfalls, dass ihre eigenen Sünden zum Hindernis für jene werden, die Gott ihr auf die Schultern gelegt hat. „Ich gebe sie dir zurück, denn ich bin zu schwach und unzulänglich."[101] Sie betet für jene um die Gabe des Mitgefühls und die „mitleidende Grausamkeit" des Kreuzes.[102] „Verbinde sie mit dir selbst und präge sie dir ein", bittet Caterina, „damit sie die Frucht des Lebens hervorbringen."[103] „Setze ihre Herzen in Brand, auf dass sie wie Kohlen seien ..., hell entflammt von Liebe zu dir und ihren Nächsten."[104] Und in ihrem letzten niedergeschriebenen Gebet: „Ich vertraue dir meine Kinder an und empfehle dir die, die ich so sehr liebe, denn sie sind meine Seele ... Gib, o gib uns, ewiger Vater, deinen sanften Segen."[105]

In den Kapiteln 64 und 302 des *Dialog* erfahren wir, dass das Geschenk einer solchen „besonderen Liebe" für jemand anderen ein „heiliger Trick" von Gottes Seite sein kann. Denn falls es weniger als die Einheit der Herzen in Gott ist, werden wir früher oder später gezwungenermaßen mit unserer Unzulänglichkeit konfrontiert, sobald die Beziehung unsere selbstsüchtigen Erwartungen nicht erfüllt. Der „Zusammenstoß" kann durch eine notwendige Trennung oder eine Beleidigung passieren. Vielleicht vermuten wir, dass unser Freund jemand anderen mehr liebt oder mehr Zeit mit ihm verbringt als mit uns, oder

100 Gebet 11, 94.
101 Gebet 14, 123.
102 Vgl. Gebet 15, 134.
103 Gebet 17, 152.
104 Gebet 18, 163.
105 Gebet 26, 226.

dass er uns weniger liebt, als wir ihn lieben. Jeder Kummer, den wir darüber verspüren, so sagt Gott zu Caterina, ist ein sicheres Zeichen dafür, dass diese „besondere Liebe" und all unsere Beziehungen einer nochmaligen Überprüfung bedürfen. Dies ist ein „heiliger Trick", weil eine solche Neuüberprüfung uns dazu bringen wird, nicht nur unseren besonderen Freund, sondern auch alle anderen noch vollkommener zu lieben.

Caterina weist ihre Jünger sofort darauf hin, wenn sie glaubt, deren Liebe zu ihr oder irgendjemand anderem bleibe hinter den Ansprüchen dieses Ideals zurück. Caterina und Bianca Salimbeni kennen einander sehr gut, denn Caterina war Biancas Gast während ihres recht langen Aufenthalts in Rocca dí Orcia. Daher wird Bianca ohne viel Erklärung rasch verstanden haben, was Caterina meint, als sie ausführlich davon schreibt, nur in Gott zu lieben. „Wir klammern uns ständig fest", tadelt sie, „Gott schneidet einen Ast unter uns weg, und wir greifen sofort nach einem andern."[106]

In einem anderen Brief schreibt sie an Melina Barbani, eine neue und recht vernarrte Jüngerin in Lucca, Gott wolle nicht, dass irgendeine menschliche Freundschaft zwischen ihn und uns gerate. Unsere Liebe solle „so rein und frei sein, dass wir niemanden und nichts lieben, sei es geistlich oder zeitlich, außer Gott." Falls wir es doch tun, wird es uns daran hindern, mit Christus geeint und in ihm verwandelt zu werden. „Gott bittet uns darum, uns ganz frei zu verschenken, so wie er selbst es getan hat, … alles Vermittelnde loszuwerden, alles, was dazwischentreten könnte, außer der göttlichen Barmherzigkeit, die ein süßes und herrliches Mittel ist, welches nicht trennt, sondern vereint."

Caterina entwickelt hier das erste von zwei wundervollen Bildern dieser Art von der Einheit der Herzen, wie sie sie versteht. Ein Maurer, so sagt sie, sammelt viele Steine und fügt sie mit

106 Brief T111.

Mörtel zusammen, so dass sie sowohl „Steine“ als auch „Mauer“ sind. Das vermittelnde Element, der Mörtel, den Gott verwendet, um uns zusammenzufügen, ist das Blut Christi; und so werden wir in vollkommener Weise eins miteinander, indem wir eins werden in Gott. Also, so fährt sie fort, „wenn du immer noch mich Elende als Vermittlerin willst“, dann geh zum Kreuz. „Dort wirst du das Lamm und mich finden, und dort kannst du grasen und dein Verlangen stillen.“[107]

Das zweite Bild für Freundschaft findet sich sowohl im *Dialog* als auch in einigen ihrer Briefe. Freundschaft, so spricht Gottvater zu Caterina, „ist wie ein Gefäß, das du an der Quelle füllst. Wenn du es aus der Quelle herausziehst, um zu trinken, wird es rasch leer. Wenn du es aber unter die Quelle hältst, während du trinkst, wird es nicht leer. Wahrlich, es wird immer voll bleiben.“[108]

Aus zahlreichen anderen Belegstellen wissen wir, dass die Quelle das Herz Jesu Christi ist und die Liebe, die wir in vollkommener Freundschaft trinken, sein Blut, das Feuer der Barmherzigkeit, der Heilige Geist Gottes. Eine solche Freundschaft besteht nicht nur für die beiden Freunde und auch nicht bloß in diesem Leben, sondern sie erstreckt sich in ihren Auswirkungen auf die ganze Welt und bis hinein in die Ewigkeit. Denn die Seligen „kennen eine besondere Art des Teilens mit jenen, die sie in der Welt am meisten mit einer besonderen Liebe geliebt haben, eine Liebe, durch welche sie an Gnade und Tugend gewachsen sind … Sie haben diese Liebe nicht verloren; nein, sie lieben immer noch und teilen miteinander noch intensiver und voller, indem sie mit ihrer Liebe zum Wohl aller beitragen. Denn ich will nicht, dass du glaubst, dieses besondere Gut, das sie haben, sei nur für sie selbst.“[109]

In einem Brief an ihren liebsten Freund, Raimondo da Capua, schreibt Caterina: „Bete …, dass du und ich uns gemeinsam im

107 Brief T164.
108 Dialog 64, 121.
109 Dialog 41, 83.

Blut des demütigen Lammes ertränken, welches uns stark und treu machen wird."[110] Die Art von Liebe, in die uns diese unsere „besonderen Lieben" einführen, „erweitert unser Herz", so dass wir uns um das Wohl anderer ebenso sorgen wie um unser eigenes. Wir wollen helfen, wo immer und wie auch immer wir können; wir sind gerecht zu allen, ob groß oder klein, reich oder arm; wir urteilen über niemanden unfair, sondern gehen immer von den besten Absichten aus, sogar bei den offensichtlichsten Missetaten. Wir sind dankbar und anerkennend, barmherzig auch zu jenen, die es scheinbar nicht verdienen. Wir sind friedliebend und treu. Unser Herz wird in der Tat so groß, dass wir „Platz für die ganze Welt"[111] haben und „jeder Ort unser Ort, jede Zeit unsere Zeit ist."[112] Es ist wahrhaft ein kostbares Geschenk im Herzen Christi.

Zusammenfassung

Das Herz Christi ist für Caterina also die Offenbarung des innersten Herzens Gottes, mit dem ganzen Geheimnis von Gottes unaussprechlicher Liebe zur Menschheit im Allgemeinen und zu jeder einzelnen Person im Speziellen. Die göttlich-menschliche Wirklichkeit dieses Herzens bringt unser eigenes Herz dazu, darauf zu antworten, indem es uns Schritt für Schritt in Christus hinein verwandelt, sogar durch „heilige Tricks", so dass wir schließlich mit seiner Liebe lieben. Unsere Asche nährt das Feuer mehr, als dass sie es erstickt, so dass das Feuer auflodern kann, wenn es gebraucht wird, indem es uns immer mehr verzehrt. Schließlich werden wir in der Ewigkeit ganz in Frieden in Gott selbst hineingezogen, um dort die Fülle aller Liebe zu erfahren, mit der wir auf Erden beschenkt wurden.

---

110 Brief T344.

111 Brief T263, an Monna Montagna.

112 Brief T349, an einige Beamte in Rom.

3. Nähren und genährt werden durch Gottes Wort

Bedenkt man, welche Rolle die Bibel im Laufe der Geschichte des römischen Katholizismus für die persönliche Spiritualität, besonders in der vorreformatorischen Zeit bis in die 1950er Jahre hinein gespielt hat, ist es nicht überraschend, dass man in einer Bibliografie mit fast 3.000 Artikeln über Caterina von Siena und ihre Werke zur Zeit weniger als ein Dutzend findet, in denen es ausdrücklich um ihre Kenntnisse und ihren Gebrauch der Heiligen Schrift geht.[113] Zwar kann ich nicht behaupten, ich hätte alle Untersuchungen unternommen, die nötig sind, um das Thema angemessen zu behandeln. Das folgende kurze Kapitel soll jedoch wenigstens ansatzweise untersuchen, wie Caterina vom Wort der Heiligen Schrift „genährt" wurde, und wie sie ihrerseits andere Menschen mit dem Wort der Schrift „nährte".

Wie wir bereits in den vorausgehenden Kapiteln gesehen haben, können Caterinas Theologie und ihre Spiritualität nur aus dem Glauben an das Evangelium erwachsen sein. Dennoch hat Caterina sicherlich nie die Bibel so studiert, wie wir es heute im

---

113 Es gibt zwei sehr kurze Artikel, drei unveröffentlichte Magisterarbeiten und einen wesentlichen Artikel, in dem es gelungen ist, den Inhalt der anderen fünf Artikel auf 16 Seiten zusammenzufassen. Es sind dies: Emilio Piovesan, Come Caterina da Siena conosce e usa la Bibbia nel „Dialogo", in: Saggi e Studi sulla spiritualitá di S. Caterina da Siena, Firenze 1947, 76-93; Mauro Láconi, La Sacra Scrittura nella dottrina cateriniana. La dottrina del ponte e il Vangelo di S. Giovanni, in: *Stella di San Domenico* 56,10 (1970), 244-246; Anna Morrone, Fonti evangeliche dellíEpistolario Cateriniano (Dissertation, Rom: Istituto Universitario Pareggiato di Magisterio Maria SS. Assunta, 1971-72); Francesca Ascoli, Fonti paoline dell'Epistolario Cateriniano (Dissertation, Rom, Istituto Universitario Pareggiato di Magistero Maria SS. Assunta, 1972-73); Pio Rocca, Fonti evangeliche del „Dialogo" di S. Caterina da Siena (Dissertation, Rom, Facoltá di Lettere della universitá di Roma, 1973-74). Der zusammenfassende Artikel stammt von Giuliana Cavallini, Fonti Neotestamentarie degli scritti cateriniani, in: Atti del Congresso Internazionale di Studi Cateriniani, Siena – Roma, 24.-29.4.1980, Roma, Curia Generalizia O.P. (1981), 44-59.

Idealfall tun würden. Das hat niemand im 14. Jahrhundert getan, nicht einmal die größten Gelehrten. Nicht, dass überhaupt nicht studiert worden wäre; im 13. Jahrhundert beherrschten Kommentierungen zur Bibel sogar den theologischen Lehrplan an den europäischen Universitäten. Und in Caterinas eigenem 14. Jahrhundert legten erneut mystische Autoren ihre bedeutsamen Beiträge zur Auslegung der Heiligen Schrift vor. Erneut, sage ich, weil bereits für die Kirchenväter mystisches, biblisches und spekulatives Denken in der Theologie untrennbar miteinander verbunden waren.[114] Diese gelehrten Abhandlungen erreichten Caterina jedoch nur aus zweiter oder dritter Hand auf Wegen, die wir kurz betrachten wollen.

In Italien erschienen in der Mitte des 13. Jahrhunderts zum ersten Mal lateinische Bibeln, die für den privaten Gebrauch und zum Nachschlagen bestimmt waren. Diese befanden sich hauptsächlich in der Hand von Predigern und Gelehrten.[115] Es wurden daneben zahlreiche Handschriften mit Abschnitten aus der Bibel verbreitet, wie Psalmen, einzelne Evangelien oder Sammlungen mit den Lesetexten für die Sonntagsliturgie. Daneben existierten Bibeln und Auswahltexte in der Volkssprache, wurden aber weitgehend argwöhnisch betrachtet, da die meisten der Übersetzer und Förderer dieser Texte, die für den privaten Gebrauch gedacht waren, als Häretiker exkommuniziert worden waren. Besaß Caterina solche Texte oder hatte sie Zugang zu ihnen? Hier müssen wir zuerst fragen, ob sie Grund gehabt hätte, nach solchen Texten zu greifen.

Caterina hatte keinerlei formale Schulbildung. Wir wissen jedoch, dass sie den Wunsch hatte, lesen zu lernen. Wir besitzen einige spärliche Zeugnisse über ihre Motive und die Ergebnisse ihres Lesenlernens. Damit können wir einen Teil ihrer Ge-

---

114 Vgl. William J. Courtenay, The Bible in the Fourteenth Century: Some Observations, in: Church History 54 (1985), 176-185.

115 Vgl. Laura Light, The New Thirteenth-Century Bible and the Challenge of Heresy, in: Viator 18 (1987), 275-288.

schichte als Hintergrund für unser unmittelbares Interesse an ihrem Gebrauch der Bibel rekonstruieren.

Als Caterina Mitglied bei den Mantellatinnen wurde, übernahm sie gewisse tägliche Gebetsverpflichtungen. Da die meisten dieser Frauen Analphabetinnen waren, bestanden diese Gebete gewöhnlich aus einer bestimmten Anzahl des „Vaterunser" und des „Ave-Maria", um den sieben Horen des Stundengebetes zu entsprechen, und einem Vaterunser vor jeder Mahlzeit. Alle, die die eigentlichen Horen beten konnten, waren natürlich von diesen Gebeten dispensiert. Wir wissen aus einigen von Caterinas Bemerkungen und von einer besonderen Begebenheit, dass sie wenig Geduld für solch wiederholendes Gebet aufbrachte. Das überrascht nicht, wenn wir bedenken, wie intuitiv ihr Denken war.

Bei dieser besonderen Begebenheit ging es um die Gewährung eines Ablasses, für den sie jeden Freitag dreiunddreißig „Vaterunser" und „Ave-Maria" beten sollte. Caterina bat um die Erlaubnis, diese Gebete durch etwas anderes ersetzen zu dürfen, auch wenn es darin bestünde, jeden Freitag bei Wasser und Brot zu fasten.[116] Vielleicht war es diese Abneigung gegen Wiederholungsgebete, dass sie sofort nach ihrer dominikanischen Profess lesen lernen wollte, als ihr damit diese neue Verpflichtung der „Vaterunser" und „Ave-Maria" drohte. Denn sie äußerte gegenüber Raimondo da Capua, dass sie „beschlossen hätte, lesen zu lernen, um das Lob Gottes und die Horen des Stundengebetes rezitieren zu können."[117] So engagierte sie ihre Freundin (und Mitschwester bei den Mantellatinnen), Alessa dei Saracini, die sie lesen lehren sollte, und brachte es darin so weit, dass sie lesen konnte, was sie wollte. (Es besteht durchaus die Wahrscheinlichkeit, dass sie später auch schreiben lernte, zumindest auf sehr elementare Weise.) Es ist fast sicher (jedenfalls meiner

116 Brief T228, an Neri di Landoccio Pagliaresi, der ihr zu jener Zeit als ihr Bote an Papst Gregor XI. in Avignon diente.

117 Leben, I, XI, 113, 104.

Meinung nach), dass sie einige der sehr beliebten frommen Werke von Domenico Cavalca gelesen hat, der in ihrem toskanischen Dialekt schrieb. Aber das Offizium? Es gibt ein kleines entzückendes Zeugnis, das mich daran zweifeln lässt. Wir besitzen einen Brief, den Tommaso Caffarini, ein Dominikanerbruder, der ihr Jünger geworden war, 1374 an sie geschrieben hat. Tommaso bezieht sich auf ein Gespräch mit ihr, in dem sie ihn nach der genauen Bedeutung eines lateinischen Wortes in Psalm 131 fragte:

> „Du hast mich gefragt, ob in dem Vers von Psalm 131 ‚Herr, mein Herz ist nicht stolz', der Ausdruck sicut adlattatus[118] ohne B geschrieben wird oder sicut ablattatus mit B. Darauf sagte ich, es könnte adlattatus ohne B sein, und dann würde es sich auf jemand beziehen, der Milch liebt und sich davon ernährt. Ich sagte das, weil mir eben eine Interpretation einfiel, wonach der Psalmist Gott bat: Mein Herr, wie ein Kind die süße Milch genießt, wenn es an der Brust der Mutter genährt wird, so sind in meiner Seele durch deine Gnade der Geschmack und der Genuss deines gesegneten ewigen Lohnes höchste Süße. Als ich aber darüber nachdachte und im Psalterium nachschlug, entdeckte ich, dass es tatsächlich ablattatus mit B heißt, und das bezieht sich auf jemand, der von der Muttermilch entwöhnt wurde und nun richtige feste Nahrung erhält. Dann befragte ich den Kommentar zu den Psalmen von Augustinus und stellte fest, dass Augustinus dasselbe sagt. Das möchte ich dir mitteilen."[119]

---

118 Caffarini schreibt auf Italienisch und zitiert die lateinischen Wörter *adlactatus* und *ablactatus* in italienischer Schreibweise.

119 Brief 1, in: Lettere di S. Caterina da Siena, ed. Piero Misciattelli. Bd. 6: Lettere die discepoli di Santa Caterina, Florenz 1940.

Danach fährt Tommaso damit fort, die Kommentare des Augustinus ausführlich und sorgfältig zu untersuchen. Wenn Caterina die Psalmen des Stundengebetes regelmäßig gelesen oder Zugang zu einem Psalter oder einem Brevier gehabt hätte, wäre es ihr möglich gewesen, das fragliche Wort selber nachzuschlagen, und wahrscheinlich hätte sie das auch getan. Ich vermute, dass Caterina nur zuhörte und betete, während die Brüder die Horen sangen, wobei sie vielleicht den Text verfolgte und ihn mit der Zeit wahrscheinlich größtenteils auswendig kannte. Bei dieser Vorgehensweise hätte sie kaum die Fähigkeit erwerben können, die Stelle eines bestimmten Wortes in einem bestimmten Psalm suchen zu können. Ist es aber nicht interessant, dass Tommaso, der sicherlich täglich am Stundengebet teilnahm (und dieser Psalm erschien täglich in der Non), das Wort nicht genau kannte, ohne es nachzuschlagen und ihr doch tatsächlich zunächst eine falsche Erklärung zu der Stelle gab? Vielleicht ist diese Unsicherheit damit zu erklären, dass es für die allgemeine Gebetsgemeinschaft üblich war, die Psalmen auswendig zu rezitieren, und nur die Kantoren, Versikular und Hebdomadar bei den wenigen handgeschriebenen Büchern standen, um die wechselnden Teile des Offiziums vorzusingen. Wahrscheinlich sah auch Tommaso den geschriebenen Text selber nicht, außer wenn er ihn ausdrücklich studierte.[120]

Kurz gesagt, wir wissen also mit Bestimmtheit, dass Caterina ihren eigenen toskanischen Dialekt lesen konnte und ihn auch so weit verstand, dass sie später ganze Abschnitte von Cavalca ziemlich genau in ihren eigenen diktierten Werken wiederge-

120 Als ich vor einigen Jahren begann, diese Angelegenheit genauer zu untersuchen, kopierte ich von irgendwoher ein Foto, das angeblich Caterinas Messbuch zeigte. Es mag vielleicht eine dieser Sammlungen von Lesungen der liturgischen Sonntagstexte gewesen sein, die damals schon nicht mehr so selten waren. Ich weiß nicht mehr, wo ich dieses Foto gefunden habe, auch habe ich nie einen anderen Hinweis darauf gefunden oder jemals das Buch in irgendeiner Sammlung Caterianischer Erinnerungsstücke in Italien gesehen. Das lässt mich an seiner Echtheit zweifeln.

ben konnte. (Ich bezweifele, dass Caterinas Schreiber sich die Zeit genommen und sich die Mühe gemacht hätten, die Abschnitte zu überprüfen oder zu berichtigen, die sie nie als Zitate von Cavalca nennt oder von denen sie auf irgendeine Weise sagt, dass sie nicht von ihr selbst stammten. Vielmehr hat man den Eindruck, dass sie diese Texte so lebhaft in Erinnerung hat, dass sie sie als ihre eigenen ansah – und das ist genau das, was sie auch mit der Heiligen Schrift tat, wie wir später sehen werden.) Und obwohl Raimondo lediglich berichtet, dass sie „die lateinischen Wörter lesen und aussprechen konnte, wenn sie sie geschrieben sah", wusste sie doch genug, auch wenn sie Latein nicht als Fremdsprache beherrschte, um Feinheiten in einem, wenn auch nur gehörten lateinischen Bibeltext mit der ihr angeborenen Sprachbegabung zu bemerken, mit der sie so geschickt Wortspiele in ihrem eigenen Dialekt erfinden konnte.
Wahrscheinlich kam Caterina also hauptsächlich durch das Hören mit der Heiligen Schrift in Kontakt. Zu diesem Schluss komme ich nicht nur wegen des eben erwähnten Beispiels, sondern auch durch die Art und Weise, wie sie manche biblischen Text „falsch" gebrauchte, was offensichtlich eher auf Hörfehler als auf fehlerhaftes Verständnis eines vorgelesenen Textes hinweist. So nennt sie etwa wiederholt den heiligen Paulus „Gefäß der Liebe" (Italienisch: „vaso d'amore"), weil sie anscheinend „vasello di dilectione" verstanden hat (oder Lateinisch: „vas delectionis") statt des eigentlichen „vasello d'electione" (oder Lateinisch: „vas electionis"). Und wenn sie den Rat gibt, „nicht auf das zurückzublicken, was man bereits gepflügt hat", hat sie wahrscheinlich gehört „l'arato" – „was gepflügt worden ist" – statt: „l'aratro" – „der Pflug".
Caterina war eine außergewöhnliche Zuhörerin. Die Tiefe, die Klarheit und die Folgerichtigkeit ihrer Schriften lassen keinen Zweifel daran, dass sie eine lebhafte Intelligenz und ein bemerkenswert gutes Gedächtnis besaß. Was immer sie hörte, schien sie sorgfältig zu durchdenken und zu sortieren. Ständig ordnete

sie neue Einsichten in ihre eigene Gedankenwelt ein. Dabei ließ sie das, was ihr unwichtig erschien, beiseite, wenn sie es überhaupt beachtete. Das Ergebnis ist ein Gewebe, in dem kaum Gedanken oder Bilder zu finden sind, die nicht irgendwie und irgendwo deutlich miteinander verwoben sind.
Was aber nahm sie auf? Wodurch wurde sie so umfassend und tief gebildet, obwohl sie keine formale Schulbildung besaß? Sie lauschte den gelehrten Predigten, dem wichtigsten Dienst der Brüder an der Kirche San Domenico, die auf der Anhöhe in der Nähe ihres Elternhauses in Siena stand, wenn sie im Gottesdienst predigten, auf der Piazza vor der Kirche und in den Unterweisungen, die jede Woche für die Mantellatinnen abgehalten wurden. Außerdem führte sie unermüdlich Gespräche, wobei sie häufig diejenigen tadelte, die bei ihrem Tempo viel schneller als sie ermüdeten. Unter ihren Freunden und Jüngern waren Theologen, Rechtsgelehrte, Politiker und Dichter. Sie kam zusammen mit Dominikanern, Franziskanern, Benediktinern, Kartäusern und Augustinern. Und gewöhnlich brachte sie bei ihren Begegnungen genauso viele Fragen vor wie eigene Beobachtungen und Schlussfolgerungen.
In der Messe und beim Stundengebet, an dem Caterina fast täglich teilnahm, konnte sie die entsprechenden Psalmen und Lesungen auf Latein hören. In Predigten und Unterweisungen und in Unterhaltungen hörte sie einzelne Abschnitte in verschiedenen Übertragungen (und auch mit unterschiedlichen Interpretationen), wie immer sie dem Sprecher gefielen. Ich habe die Vermutung – obwohl man dazu erst noch systematische Untersuchungen anstellen müsste –, dass Caterina ihre biblischen Anspielungen fast alle aus jenen Texten bezog, die sie regelmäßig in der Liturgie der Messe und des Stundengebetes hörte. Diese Vermutung bestätigt sich oft, wenn in einem datierten Gebet oder Brief Themen und Anspielungen aus den Texten zu finden sind, die im Sienesischen liturgischen Kalender des 14. Jahrhunderts zum selben Datum oder in zeitlicher

Nähe dazu vorgeschrieben waren. Ein wunderbares Beispiel dafür ist das Gebet Nr. 20, von dem wir wissen, dass es am Donnerstag der Osterwoche 1379 aufgezeichnet worden ist. Das Gebet ist eine herrliche Meditation über die Lesungen und Gebete für Montag, Dienstag und Donnerstag der Osterwoche.[121] Sollte einmal eine wissenschaftliche Untersuchung Anspielungen entdecken, die nicht in den liturgischen Lesungen zu finden sind, könnte man wahrscheinlich schlussfolgern, dass Caterina diese entweder in Predigten, Unterweisungen und Unterhaltungen gehört oder sie in den wenigen Büchern gelesen hat, die sie zur Verfügung hatte.

Ihre Schriften machen nicht den Eindruck, dass sie mit der Bibel vertraut war oder die ganze Bibel oder auch nur ein einziges biblisches Buch im Zusammenhang gelesen hätte. Vielmehr nahm sie biblische Ausdrücke und Textabschnitte in ihren eigenen Sprachschatz auf, so wie sie es mit den Werken von Cavalca tat, den sie vermutlich, ja tatsächlich gelesen hat. Selten „zitiert" sie diese ausdrücklich, so wie mittelalterliche Autoren üblicherweise biblische Textstellen zitierten, um dadurch ihren eigenen Texten Beweiskraft zu geben. Bei ihr fließen diese Texte in ihre Sätze so natürlich mit ein, als ob es ihre eigenen wären, manchmal unverändert, manchmal in anderen oder neuen Kombinationen.

Dieses „Zu-Hause-Sein" in der Heiligen Schrift – selbst wenn es dabei nur um Textausschnitte geht – mit der anscheinend spontanen Verwendung der biblischen Worte in so vielen verschiedenen Zusammenhängen, hätte Caterina nie erreichen können, ohne ein intensives kontemplatives Leben zu führen. Ich verstehe hier unter „kontemplativ" nicht nur das Beten in Einsam-

121 Am Ende dieses Gebets finden wir Caterinas Überlegungen zum Selbstverständnis Jesu: „Du hast ihnen die Schrift ausgelegt, aber sie konnten sie nicht verstehen, weil ihr Geist verdunkelt war. Aber du hast dich selbst verstanden. Worin bestand dann dein Ruhm, du liebes liebevolles Wort? In dir selbst – und du musstest leiden, um in dein eigenes Selbst zu gelangen" (109).

keit und Stille, sondern meine damit auch eine Haltung, die überall zum Ausdruck kam – in Beziehungen, im liturgischen Gebet und auch in intensiven aktiven Tätigkeiten. Keines der biblischen Worte kommt nur aus ihrem phänomenalen Gedächtnis, aus einer Konkordanz oder aus einer gerade erreichbaren Sammlung beliebter Zitate. Bibelworte gehören zu Caterinas eigenem Wortschatz. Sie kommen vor in den Briefen, die sie rasend schnell, manchmal drei oder vier gleichzeitig, ebenso vielen Schreibern diktierte, in den Betrachtungen und in Gebeten, die sie teils diktierte oder in der Stille einsamer Stunden oder in Ekstase von oben empfing. Sie sind keine aufgesetzten Beifügungen, sondern bilden Verbindungsstränge, ohne die sich die Gewebestruktur ihrer Gedanken- und Bilderwelt auflösen würde. Caterinas Geist lebte wahrhaftig aus dem Wort und wurde von ihm genährt, genauso wie ihr Blut von der Luft, die sie atmete, neu belebt wurde.

Hier muss ich noch einmal betonen, dass für Caterina das Wort die ewige Weisheit ist, es ist Jesus Christus, es ist der Weg und die Wahrheit und das Leben. Das Wort lebt in jedem Versuch, dieses eine Wort zum Ausdruck zu bringen und es zu bezeugen, auf hervorragende, ja sakramentale Art und Weise im Wort der Heiligen Schrift.

Betrachten wir einen Abschnitt aus einem ihrer Briefe an Raimondo da Capua und an Papo, einen weiteren Jünger. Der Auszug ist etwas lang, aber es lohnt sich, ihn vollständig zu zitieren. Er macht vieles deutlich von dem, was ich über die nahtlose Integration der Bibelworte in Caterinas Denkens gesagt habe, über die Verwobenheit der Bilder untereinander, darüber, wie das Wort der Heiligen Schrift Teil von Caterinas eigenem Wortschatz wurde und vor allem darüber, welche unüberholbare Bedeutung das Wort Gottes für sie hat. Der Text lautet:

> „Liebster und vielgeliebter Vater und Sohn in Jesus Christus, den ich von der lieben Mutter Maria bekom-

men habe. Ich, Caterina, Dienerin und Sklavin der Diener von Jesus Christus, schreibe dir und Papo in seinem kostbaren Blut. Ich wünsche mir sehnlichst, euch als wahre Söhne und Verkünder (Trompeter) des inkarnierten WORTES Gottes, des Gottessohnes zu sehen, nicht nur mit eurer Stimme, sondern durch euer Handeln. Lernt vom Herrn der Wahrheit, der die Tugend erst predigte, nachdem er sie gelebt hatte.[122] ... Macht euch klar, meine Söhne, dass es für uns unmöglich ist, etwas über das richtige Leben zu erfahren oder ein solches Leben zu führen, unmöglich, Hunger nach Gottes Ehre oder nach dem Heil der Seelen zu empfinden, wenn wir nicht in die Schule des WORTES gehen, des Lammes, das am Kreuz geschlachtet und verlassen wurde, weil nur dort die wahre Lehre zu finden ist. Er selbst hat gesagt: ‚Ich bin der WEG, die WAHRHEIT und das LEBEN.' Und niemand kann zum Vater gehen, als durch ihn.[123] Lasst euch die Augen des Geistes öffnen, damit ihr seht, öffnet eure Ohren, und hört auf das, was er euch lehrt. Schaut euch selbst an, denn in ihm werdet ihr euch finden und in euch ihn. Damit meine ich, dass ihr euch in ihm finden werdet, weil er euch zu seinem eigenen Bild und Gleichnis erschafft – als Geschenk und nicht, weil er es euch schuldete[124] – und in eurem Innern werdet ihr Gottes grenzenlose Güte entdecken, da er unsere Gestalt annahm durch die Vereinigung, die die göttliche Natur mit unserer menschlichen Natur eingegangen ist. Lasst uns dann die Herzen weit aufreißen, wenn wir eine so große Feuerflamme der Liebe betrachten, da Gott selbst sich in uns eingepfropft hat und uns in ihn! ... In diese wunder-

122 Vgl. Apg 1,1.
123 Joh, 14,6.
124 Vgl. Röm 4,4-5.

bare Schule also, meine Söhne! Denn diese Energie und diese Liebe werden euch weiterführen und werden euer Leben sein! ... Die WEISHEIT, das inkarnierte WORT, Christus sah und erkannte, dass [Leiden] der bessere Teil war, und so liebte er es und bekleidete sich damit. ... Hüllt euch in dieses Gewand als treue Söhne und macht es so sehr zu einem Teil von euch selbst, dass es euch niemals genommen werden kann, bevor uns das Leben genommen wird, wenn wir das Gewand des Leidens hinter uns lassen und wir bekleidet werden mit dem Gewand der Freude. ... Genau das tat der liebe Verkünder (Trompeter) Paulus. Ihm wurde die Freude genommen, das göttliche Wesen zu sehen.[125] Er bekleidete sich mit dem gekreuzigten Christus. Er bekleidete sich mit dem menschlichen Christus – das heißt, mit dem Leiden und der Erniedrigung des gekreuzigten Christus und er wollte keine andere Freude. Er sagte sogar: ‚Ich aber will mich allein des Kreuzes Jesu Christi, unseres Herrn, rühmen.'[126] ... Der liebe Paulus schien diese Lehre wirklich studiert zu haben. Er kannte sie so genau, dass er ein Mensch wurde, der Seelen ‚aß' und ‚genoss'. Er wurde wie ein Schwamm, der Wasser aufsaugt, so dass er, während er auf dem Weg der Erniedrigung entlanglief, die grenzenlose Liebe und Güte aufsaugte, mit der Gott seine Geschöpfe aufs Äußerste liebt. Er verstand, dass es im Willen Christi um die Ehre des ewigen Vaters und um unsere Rettung und Heiligkeit geht[127] und dass Christus sich selbst in den Tod hingegeben hat, um diese Heiligkeit in uns zu verwirklichen. Paulus hat das erfasst und es verstanden und sobald er es verstanden hatte, setzte er sich für die

125 Vgl. Röm 13,14.

126 Gal 6,14.

127 Vgl. 1 Thess 4,3.

> Ehre Gottes ein und tat sein Bestes für seine Nächsten. Mutig verkündete er die Wahrheit … Er wurde ein Gefäß glühender Liebe, um Gottes WORT weiter zu tragen und es zu predigen."[128]

All dies, zusammen mit den Folgerungen, die sich daraus ergeben, findet sich kurz zusammengefasst in Caterinas Gebet: „Deine Wahrheit schenkt Wahrheit und mit deiner Wahrheit spreche ich die Wahrheit … Du bist die WAHRHEIT."[129]
Sehr früh in ihrem Leben waren Johannes und Paulus Caterinas liebste Heiligen geworden. Wann genau und wie, wissen wir nicht, aber sie waren sicher Verwandte im Geist. Häufig findet sie in ihren Schriften ihre persönlichen Überzeugungen wieder. Themen und Ausdrücke klingen in ihrer eigenen Sprache durch, mehr als alle anderen der Heiligen Schrift. Von Paulus spricht Caterina mehr als von Johannes. Aber wenn sie einen Spitznamen für ihren liebsten Freund, Raimondo da Capua, sucht, nennt sie diesen „meinen ganz besonderen Johannes" – ,,mio Giovanni singolare".
Wir haben bereits an einigen Beispielen gesehen, wie Caterina Texte, die ihr Denken ausdrücken, immer wieder benutzt: „Ich bin der WEG, die WAHRHEIT und das LEBEN." (Joh 4,16). „Das ist es, was Gott will: eure Heiligung." (1Thess 4,3). Es gibt noch weitere Beispiele dazu. An einigen möchte ich, wenn auch nur kurz, zeigen, wie Caterina sie verstand.

„Ich bin das Licht der Welt. Wer mir nachfolgt, wird nicht in der Finsternis umhergehen, sondern wird das Licht des Lebens haben." (Joh 8,12).
Jesus ist die Sonne, die die Welt erleuchtet; er ist der Weg, die Wahrheit und das Leben. Kein anderes Bild als das des Feuers

128 Brief T226.
129 Gebet 21, 193.

taucht öfter in Caterinas Schriften auf. Feuer stellt wie die Sonne die Wärme der Liebe und das Licht der Wahrheit dar. Feuer ist wie Gott, der selbst ganz Wahrheit und Liebe ist. Feuer ist der Geist der Liebe. Feuer ist darum auch Wasser, die Quelle des Lebens, die Milch der Liebe, die aus dem Herzen Christi fließt. Feuer vergoss das Blut Christi „in brennender Liebe. Es gibt kein Feuer ohne Blut, kein Blut ohne Feuer“[130], deswegen muss christliche Liebe erlösende Liebe sein. Feuer ist aufrichtige Liebe, während selbstsüchtige Liebe, die nicht ehrlich ist, eine schwarze Wolke ist, die die Sonne verdunkelt, eine Trübung in den Augen des Geistes, ein Schleier über der Pupille des Glaubens. Dunkelheit ist Abwesenheit von Licht. Sünde ist die Abwesenheit des Seins, die Abwesenheit von Gottes Wahrheit.

„Und ich, wenn ich über die Erde erhöht bin, werde alle zu mir ziehen.“ (Joh 12,32).

Christus ist über die Erde erhöht wie eine Brücke, die sich über einen Abgrund wölbt, damit man über sie die andere Seite erreichen kann. Die Sünde hatte einen Abgrund geschaffen. Wo einmal eine Straße war, ist diese nun völlig zerstört und unpassierbar. An ihrer Stelle befindet sich ein reißender Strom, den niemand überqueren kann, ohne zu ertrinken. Die Brücke ist der gekreuzigte Christus, sie wölbt sich stufenförmig über den Abgrund. Auf ihr steigen wir durch die Liebe empor – durch unsere Liebe, aber in Wirklichkeit durch seine Liebe, „denn das Herz der Menschen wird nur durch Liebe angezogen“[131]. Wir bewegen uns vorwärts, von seinen und unseren Füßen (Neigung, Energie, Antrieb) aus zu seinem und unserem Herzen (zum Ort des Geheimnis der Liebe), bis die Münder aufeinander treffen und sich im Kuss des Friedens vereinen. Diese Brücke ist gepflastert mit den Steinen der Tugend Christi, zementiert mit

130 Brief T80, an Meister Giovanni Terzo.

131 Dialog 26, 65.

dem „lebendigen Kalk“ der Liebe Gottes, der Gottheit selbst, und mit seinem Blut (da man im Mittelalter glaubte, dass Zement stärker würde, wenn man ihn mit Blut mischte). Christus selbst ist der lebendige Stein.[132] Wir müssen auf ihm dem Bau hinzugefügt werden mit demselben Mörtel aus lebendigem Kalk und Blut. Die Läden und Gasthäuser auf der Brücke (ähnlich denen auf der Ponte Vecchio in Florenz, die Caterina sicher kannte) sorgen für Nahrung, Ruhe und Gemeinschaft, für alles, was wir während der Reise benötigen. Christus ist die Brücke, die Treppe und die Erfrischung. Er ist das Tor am anderen Ende, das jenseitige Meer des Friedens. Caterina betont, dass das Wort „alle“, die Christus an sich zieht, als Singular zu verstehen ist, denn nur was zusammengefasst ist, kann angezogen werden: „Wo zwei oder drei versammelt sind, sind sie eines – da bin ich“, unabhängig davon, ob die „zwei oder drei“ die verschiedenen Kräfte in unserer eigenen Person bedeuten, oder ob wir selbst es als einzelne Personen sind, die zu einer Kirche und einer Welt verbunden sind. Die Wahrheit, die Gott ist, ist einzig, und Jesus ist der Weg zu diesem Leben.[133]

„Mich dürstet!“ (Joh 19,28)

Caterina entdeckt in der Interpretation von Thomas von Aquin den Hinweis, dass es Christus nach der Rettung der Menschen dürstet. Sie macht daraus eine Aufforderung an uns, dass wir ihm zu trinken geben. Dieser Trank ist paradoxerweise in dem Trank enthalten, den wir am Tisch des Kreuzes trinken, wenn wir zusammen mit Christus für das Heil anderer leiden. (Diese Idee ist inhaltlich verbunden mit Caterinas vielen Verweisen auf das Hochzeitsmahl und das Hochzeitskleid des Blutes Christi.)

---

132 Mt 24-27; Lk 6,48f.

133 Das Bild von der Brücke für Christus wird entwickelt im Dialog 26-87, 64-160. Interessanterweise erscheint es sonst nirgends, außer im Brief T272, dem Brief an Raimondo da Capua; dieser Brief diente als grundlegender Entwurf für den Dialog.

Dieser Trank steht für das unendliche Verlangen Christi nach unserem Heil (Gottes Wahrheit), eine Sehnsucht, in die wir ebenfalls eintreten sollen.

„Lernt von der gütigen Ersten Wahrheit, von Christus, der mit drängendem sehnsüchtigen Hunger und Durst nach unserem Heil vom Holz des hochheiligen Kreuzes rief: ‚Mich dürstet!' Als ob er sagen wollte: ‚Mich dürstet noch viel dringender nach eurem Heil, als ich euch durch dieses vorübergehende Leiden zeigen kann.' Ja, körperlicher Durst quält ihn, aber dieses Leiden ist endlich. Der Schmerz des heiligen Verlangens jedoch, der sich uns in seinem Durst nach den Menschen zeigt, ist unendlich. Ach, guter und gütiger Jesus, du lässt uns wissen, dass du Durst hast und gleichzeitig bittest du uns um etwas zu trinken. Wann bittest du uns um einen Trank? Wenn du uns deine liebevolle Liebe zeigst, mein Herr. Ihr könnt leicht erkennen, liebster Vater, wie sein Blut seine grenzenlose Liebe offenbart. Denn er schenkte sein Blut aus Liebe hin und mit dieser Liebe bittet er uns um etwas zu trinken. Ich meine, dass (Jesus) der liebt, darum bittet, ihm etwas zu trinken zu geben und ihm zu dienen. Es ist nur recht, dass jemand, der liebt, geliebt werden sollte. Und auf diese Weise geben wir unserem Schöpfer etwas zu trinken: Wenn wir ihm Liebe für seine Liebe schenken. Wir können sie ihm aber nicht durch irgendeinen Dienst, den wir ihm leisten, schenken; nein, wir müssen sie ihm in der Person unseres Nächsten schenken. Deswegen wenden wir uns so eifrig und aufmerksam unseren Nächsten mit solchen Diensten zu, die, wie wir wissen, Gott am besten gefallen, und diesem Dienst geben wir uns ganz hin. Der Dienst, der unserem Heiland besser als jeder andere gefällt, ist der Dienst, Seelen aus der Hand des

> Teufels zu retten, indem wir sie aus ihrem verweltlichten Zustand herausreißen, aus dem Rachen der weltlichen Eitelkeit, und sie in den heiligen Stand des frommen Lebens führen. Es geht nicht nur darum, sie nicht zu ignorieren oder ihnen nicht auszuweichen, wenn sie mit solchem Verlangen kommen; nein, man muss bereit sein zu sterben, um sie zu retten. Das ist der heilige Trank, um den Gottes Sohn am Kreuz bittet, und wir dürfen nicht zögern, ihm diesen Trank zu geben; und wir müssen uns beeilen. Denn man sieht sehr deutlich, dass er vor Durst stirbt. Und wir dürfen nicht tun, was die Juden taten, die ihm Essig und Galle reichten."[134]

Dieser Text drückt alles das aus, was das Blut Christi für Caterina bedeutet: das Blut, das wir in unserem Herzen tragen, das Blut, das Milch und Feuer und Wasser der Liebe ist, die wiederum der Geist Gottes ist, die Hand, die das Kreuz hochhält.[135]

Dieser Textabschnitt ist verflochten mit dem folgenden Text aus dem Johannesevangelium: „Wer Durst hat, komme zu mir, und trinke" (Joh 7,37), wobei das Wort „kommen" Caterina an die Füße der Sehnsucht und der Liebe denken lässt, mit denen wir zu der Brücke und über die Brücke laufen müssen, die der gekreuzigte Christus ist.[136]. Die Fortführung ihrer Gedanken über Christus als Brunnen lebendigen Wassers lenkt Caterinas Aufmerksamkeit hin zum Geheimnis des Blutes und der ganzen

---

134 Brief T8, an Bruder Giusto, den Prior von Monteoliveto Maggiore.

135 Brief T129, an Bartolomeo Dominici: „Ich erinnere mich daran, dass er vor nicht langer Zeit sagte: ÇIch bin der Eine, der die ganze Welt stützt und trägt. Durch mich wurden die menschliche Natur und die göttliche Natur miteinander verbunden. Ich bin die mächtige Hand, die die Fahne des Kreuzes hochhält; aus diesem Kreuz machte ich eine Ruhestatt und hielt den Gottmenschen daran festgenagelt.ë Er war so stark, dass ihn die Nägel niemals hätten festhalten können, wenn ihn nicht die Fesseln der Liebe, das Feuer des Heiligen Geistes, zurückgehalten hätten."

136 Brief T272, an Raimondo da Capua.

Heilsgeschichte der Erlösung.[137] Dies lässt sie auch an ihr Bild des stillen Wassers am Grunde des Brunnens denken, in dem wir uns als das Ebenbild Gottes gespiegelt sehen, und an das Wasser, in dem wir von unseren Sünden rein gewaschen werden.[138] Das wiederum erinnert sie an die Wasser des Todes, an die wild wogenden Fluten unter der Brücke, Christus, und an das Wasser des Lebens, das der Pilger oben auf dieser Brücke in der Herberge trinken kann, damit er Kraft für seine Reise bekommt.[139]

Man kann mit jedem einzelnen dieser biblischen Texte beginnen, die für Caterina so wesentlich waren, um von einem zum nächsten das Gewebe ihres Denkens und ihrer Spiritualität zu entdecken. Dies ist das, was sie selbst in ihrem *Dialog* und in Briefen für andere tat. Die ständigen Abschweifungen vom Thema im *Dialog* können manchmal ärgerlich stimmen; sie hängen mit Caterinas impulsivem Bedürfnis zusammen, auf jeden Zusammenhang, der ihr beim Diktieren oder bei der Bearbeitung des Textes in den Sinn kommt, ausdrücklich hinzuweisen. Dieses Geflecht jedoch macht ein wunderbares, meditatives „Grasen" möglich, sobald man diese Denkweise akzeptiert hat. Man merkt sich die Stellen mit dem saftigsten Gras, zu de-

137 Dialog 53, 106f.

138 Brief T226, an Raimondo da Capua: „Denn diejenigen, die nicht selbstverliebt auf sich schauen, sondern auf Gott, und die Gott als Gott ansehen (der die höchste ewige Gottheit ist und der unsere Liebe verdient), die Gott in brennender verzehrter Liebe betrachten, entdecken das Bild des Menschen in Gott. Und sie entdecken sich selbst, als Gottes Ebenbild in Gott. Ich meine, dass sie die Liebe, die sie sehen, mit der Gott uns liebt, dass sie diese Liebe an alle anderen weitergeben. Denn wenn sie ihr Spiegelbild im Brunnen, dem Meer des göttlichen Seins, betrachten, fühlen sie sich sofort gedrängt, ihre Nächsten wie sich selbst zu lieben, weil sie sehen, dass Gott sie mit höchster Liebe liebt. Dann bewegt sie das Verlangen, sich selbst in Gott zu lieben und Gott in sich selbst, gerade so, wie es uns Freude macht, wenn wir in einen Brunnen schauen, darin unser Spiegelbild sehen und es uns gefällt. Wenn wir aber klug sind, lieben wir zuerst den Brunnen, ehe wir uns lieben. Denn wenn wir uns nicht im Wasser des Brunnen erkannt hätten, hätten wir uns nicht geliebt und kein Gefallen an uns gefunden. Auch hätten wir nicht verbessert, was wir im Brunnen an unserem Gesicht als fehlerhaft erkannten!"

139 Dialog 53-55, 106-110.

nen man zurückkommen möchte, und beginnt damit, selber solche Zusammenhänge herzustellen.

In ihren Briefen ist Caterina stärker auf nur ein einzelnes Thema konzentriert. Wenn man sich längere Zeit mit dieser Korrespondenz beschäftigt, wird klar, wie genau sie ihre Freunde kannte und wie aufmerksam sie auf deren besonderen Bedürfnisse achtete; dies sogar auch bei Menschen, die sie nur vom Hörensagen kannte. Jeder Brief ist in einer bestimmten Absicht geschrieben, die Caterina zu Beginn des Briefes deutlich macht. Sie teilt ihrem Adressaten, ihrer Adressatin mit, in welchem Zustand es sie „verlangt“, ihn bzw. sie zu sehen. Danach beginnt sie, das eigentliche Thema zu entwickeln, meistens eher ausführlich als kurz. Zum Schluss kommt sie darauf zurück, warum sie sich für diese bestimmte Person eine besondere Gabe wünscht. Hier nutzt sie die Heilige Schrift, die ihre eigene Spiritualität nährt, um dadurch das Leben anderer zu nähren.

Caterina nimmt dabei kein Blatt vor den Mund. Sie hält an ihren Überzeugungen und an ihrem Verständnis des Textes fest und macht keinerlei Zugeständnisse aus Rücksicht auf diejenigen, die sie berät. Jedoch ist sie ebenso sensibel gegenüber ihren Schwächen wie bereit, sie wegen ihres Zögerns zur Rede zu stellen.

Raimondo da Capua berichtet von einer Auseinandersetzung, die in dieser Hinsicht aufschlussreich ist. In der Debatte ging es um die Worte Jesu in Getsemani: „Vater, nimm diesen Kelch von mir.“[140] Caterina interpretierte diese Worte so:

> „Für heroische Seelen bezieht sich der Text auf den Kelch seines Verlangens nach dem Heil der Menschen, einen Kelch, den er sein ganzes Leben lang getrunken hatte, vom Augenblick seiner Empfängnis an, und den

140 Mt 26,39; Mk 14,36; Lk 22,42.

> er nun, da die große Stunde nahte, mit noch größerem Verlangen als je zuvor trank. Seine Bitte war, ihn den Kelch nun endlich ohne weiteren Aufschub bis zum Grunde austrinken zu lassen und so den Durst nach unserem Heil zu stillen, der ihn so lange gequält hatte."

Raimondo bestand darauf, dass „nach der üblichen Auslegung der Gelehrten unser Heiland diese Worte sprach, weil er ganz Mensch war." Caterina erwiderte darauf:

> „Die Handlungen unseres Heilands haben so vielfältige Bedeutungen, dass jede Seele, die sie auf ihre Weise aufmerksam bedenkt, in ihnen ihre besondere geistliche Speise findet, die sie nährt und die zu ihrem Heile führt. So verhält es sich auch mit dem Gebet unseres Herrn. Ebenso wie furchtsame Seelen darin Trost finden, wenn sie vor dem Leiden zurückschrecken, können tapfere Seelen auch erwarten, darin Kraft zu finden, damit sie noch opferbereiter werden. ... Und so ist es sehr viel hilfreicher, dass es unterschiedliche Möglichkeiten zu seinem Verständnis gibt, so dass jede Seele darin das finden kann, was zu ihr passt, als wenn es nur eine einzige Deutung gäbe, die lediglich für eine Gruppe hilfreich wäre."[141]

So hebt Caterina in ihren Briefen hier die eine Deutung des biblischen Textes hervor, dort eine andere; einmal tut sie das streng, einmal milde; einmal tröstend, einmal herausfordernd.

Während Caterina sich im *Dialog* eingehend darum bemüht, jeden Menschen anzusprechen, und sie sich in jedem Brief auf die jeweiligen persönlichen Bedürfnisse des Empfängers konzent-

141 Leben, II, VI, 209, 199.

riert, entstehen die Gebete aus Caterinas persönlicher tiefer und einzigartiger Beziehung zu Gott. Daher müsste es möglich sein, durch die Gebete einen einzigartigen Einblick in die Art und Weise zu bekommen, wie die Heilige Schrift Caterinas persönliches Leben befruchtete. Bis zu einem gewissen Grad ist das auch möglich. Dabei stellen wir fest, dass bestimmte Themen, die in ihrem Kontakt mit anderen Menschen von großer Bedeutung sind, in ihren aufgezeichneten Gebeten keine Rolle spielen oder gar nicht auftauchen (zum Beispiel, wenn sie betont, man solle „nicht zurückschauen auf das, was man bereits gepflügt hat"). Natürlich kann das damit zusammenhängen, dass der Umfang ihrer aufgezeichneten Gebete sehr viel kleiner ist als der Umfang ihrer gesamten sonstigen Schriften. Andererseits gibt es Themen, die nur kurz in ihren Ausführungen auftauchen, denen sie in ihren Gebeten aber durchgehend und sehr viel intensiver ihre Aufmerksamkeit widmet, sicher, weil sie ihr besonders am Herzen liegen. Dazu gehören die Dreifaltigkeit und das Mysterium von Sünde und Heiligkeit. Erwartungsgemäß tauchen Verse aus den Psalmen in Caterinas Gebeten häufiger auf als in ihren anderen Schriften. Ich glaube, das beweist, wie tief sie in die Psalmen eindrang, während sie sie beim Offizium betete.

Caterinas Gebete machen deutlich, dass ihr Leben zentral und intensiv kirchlich geprägt war. In ihrem Inneren ist sie Kirche, gesendet mit der Sendung Christi. Bezeichnenderweise scheint sie sich stets verantwortlich zu fühlen „für diejenigen, die du mir gegeben hast, damit ich sie mit besonderer Liebe liebe", nämlich ihre Freunde und Jünger; denn sie sagt von ihnen: „Sie sind meine Seele."[142]

Caterina beschäftigte sich nicht mit exegetischen und hermeneutischen Studien, wie die moderne Wissenschaft das verlangen würde, und sie konnte das auch nicht tun. Es ist hier auch

142 Gebet 26, 226.

nicht der Ort, das Verhältnis dieser Art biblischer Studien zur Spiritualität zu untersuchen. Caterina würde vielleicht sagen, dass jede Erkenntnis und alle Aspekte der Wahrheit für unsere Spiritualität wichtig sind. Wir können es uns heute nicht mehr erlauben, gültige Einsichten, die uns möglich und zugänglich sind, zu ignorieren, genauso wenig wie sie es sich zu ihrer Zeit erlauben konnte, Einsichten, die für sie verfügbar waren, zu ignorieren. Das würde sie wohl *ignoranzia* nennen, das heißt: etwas nicht zur Kenntnis zu nehmen, was wir wissen und worauf wir achten sollten.

Worin besteht Caterinas Herausforderung an uns heute? Sie besteht darin, unsere Nahrung – ja, unsere Nahrung – im Wort der Heiligen Schrift zu suchen, so kontemplativ, wie sie das tat, so dass die Botschaft des Evangeliums zu unserem ureigenen Wortschatz wird. Vor allem aber geht es darum, uns selbst, wie Caterina es ausdrückt, „am Tisch des Kreuzes" zu nähren, indem wir eins werden mit dem Wort, mit dem gekreuzigten und auferstandenen Jesus, so dass unser Blut, wie sein Blut, zur Saat des göttlichen Lebens für die Welt wird. Dann werden wir wahrhaft Kirche sein und wahrhaft Kinder Gottes und mit Christus zusammen Erben und wir werden wahrhaft „Abba!" (und „Imma") rufen können.[143]

143 Das hebräische *abba* ist die liebevolle Bezeichnung für Vater, etwa *Papa*; *imma* ist die entsprechende Bezeichnung für Mutter, etwa *Mami*.

4. Eine Frau und ihre Kirche

Man gerät leicht in die Gefahr, eine Frau wie Caterina von Siena, die vor vielen Jahrhunderten lebte, in einem romantischen Licht zu sehen. Wenn wir sie auf eine quasi konservierende Weise verklären, suchen wir zum Beispiel nur in den alten hagiografischen Quellen nach Bestätigungen für unser Caterina-Bild, entweder, weil wir die heute zugänglichen Quellen nicht kennen oder weil wir fürchten, ihr geheiligtes Bild zu trüben. Daneben gibt es eine sich „modern" gebende Verherrlichung ihrer Person, bei der wir – bewusst oder unbewusst – ebenso unkritisch versuchen, bei Caterina Unterstützung für unsere eigenen Anliegen zu finden. Zu solcher Aneignung neigen wir besonders schnell beim Thema „Kirche", da wir hier zurzeit so viele Spannungen erleben. Besonders dann, wenn Caterina unserer eigenen Sache mit ihren Überzeugungen nahe zu sein scheint, sind wir leicht versucht, in ihr Leben und in ihre Schriften Antworten hinein zu interpretieren auf Fragen, die es zu ihrer Zeit und an ihrem Ort für sie nie gegeben hat. So etwas ist ungerecht und unehrlich. Dagegen ist es legitim und hilfreich, ihr Leben und ihre Schriften intensiv zu studieren, um die Prinzipien zu entdecken, die ihr Denken bestimmten, die Grundüberzeugungen, mit denen sie Antworten auf ihre eigenen Fragen fand und mit denen sie gute Antworten auf unsere heutigen Fragen geben kann. Dieser Aufgabe müssen wir uns nun stellen, nachdem wir gesehen haben, wie Caterina in einer ausgesprochen kirchlichen Spiritualität groß wurde.
Alle Menschen leben auf unterschiedliche Weise mit ihren überkommenen Traditionen, Überzeugungen und sprachlichen Kategorien – gleichgültig, ob es dabei um Ethik, Philosophie, Glauben oder um Umgangsformen geht. Manche Menschen fügen sich problemlos in das zufällig ererbte Muster ein. Sie über-

nehmen es ohne Widerstand und ohne das Bedürfnis zu haben, es weiterzuentwickeln. Andere Menschen verweigern sich jeglicher verordneter Form. Sie suchen oder erfinden ihre eigene Form, wenigstens in einigen Lebensbereichen. Wieder andere gehen mit ihrem Erbe in schöpferischer Freiheit um. Sie nehmen einiges aus dem Überlieferten problemlos an, während sie anderes umgestalten und dadurch für neue Zugänge und Möglichkeiten öffnen. Keinem von uns bleibt es jedoch erspart, sich mit den ererbten Traditionen, Überzeugungen und Kategorien des Denkens und der Sprache auseinanderzusetzen.

Für viele dieser Fragestellungen sind wir in der heutigen Kirche besonders sensibel geworden. Welche Positionen vertrat Caterina in der Kirche des Jahrhunderts, in dem sie lebte und wirkte? Wie weit passte sie sich den gegebenen Zuständen an oder stellte sie in Frage? Wie frei folgte sie ihren eigenen Einsichten und Zielen in einer Kirche und in einer Welt, in der man von den Laien, insbesondere von Frauen, fraglos erwartete, dass sie gehorchten und taten, was man von ihnen verlangte? Wie reagierte sie auf Missbrauch, auf Unterdrückung und auf die Konflikte, die für die Kirche ihrer Zeit so charakteristisch waren? Finden wir bei Caterina Anregungen dafür, wie wir in unserer Zeit kreativ und hoffnungsvoll in der Kirche leben können?

Wie wir in den vorausgehenden Kapiteln gesehen haben, war es Caterina unmöglich, Kompromisse im Hinblick auf die Wahrheit einzugehen, so wie sie sich ihr eröffnete, zumal mit zunehmendem Alter ihre Spiritualität und ihre Sendung neue und immer weitere Dimensionen annahmen. Ihre Mitgliedschaft bei den Mantellatinnen, die zunächst offensichtlich widersprüchlich, dann umstritten war, wurde für sie allmählich zu einem echten Vorteil. Wäre sie Nonne geworden, hätte sie nicht die notwendige Bewegungsfreiheit gehabt, um Einfluss ausüben zu können. Ohne ihre Zugehörigkeit zu einem bedeutenden Orden, wie es die Dominikaner waren, hätte sie, da ohne

Schulbildung, ohne viel Geld und zudem noch als Frau, wahrscheinlich nie Zugang zu den Kreisen bekommen, in denen sie sich zu bewegen begann. Durch ihre dominikanische Zugehörigkeit, dank ihrer natürlichen Begabungen und mit der Hilfe kluger Ratgeber gewann sie allmählich die öffentliche Anerkennung kirchlicher Autoritäten, so dass sie ihren einzigartigen Weg gehen konnte, nur dem ihr beigegebenen geistlichen Führer verantwortlich.

Caterinas scharfsichtige Sensibilität und ihre Leidenschaft für die Wahrheit förderten ihre offensichtliche Begabung, Frieden zu stiften, was dazu führte, dass sie immer wieder gerufen wurde, um einzelne Personen und ganze Familien des Adels von Siena miteinander zu versöhnen. Als sie etwa 26 Jahre alt war, wurde der politisch sehr aktive Raimondo da Capua ihr geistlicher Begleiter, der sie in immer größere und komplexere Angelegenheiten des politischen und des kirchlichen Lebens einführte. Man muss jedoch betonen, dass Caterina sich nie für Politik an sich interessierte. Sie war und blieb politischen Problemen gegenüber völlig naiv. Ihr Interesse richtete sich ausschließlich auf die Sendung der Kirche und ihrer Mitglieder. Dafür riskierte und ertrug sie bewusst beträchtliche politische Verwirrungen und Niederlagen, die unvermeidlich durch ihre Naivität entstanden. Wenn es aber um den Willen Gottes für sie und andere ging, zeigte sie eine Gewissheit, ja eine geradezu gebieterische Haltung und sogar Anmaßung, die sie selten zögern ließ. Ihr „*Io voglio*" – „Ich will es!", „Ich wünsche, dass Ihr dies oder das tut oder folgendermaßen werdet …" wurde zu einer Art Leitsatz, in dem manche die Stimme Gottes verehrten, den andere dagegen als aufdringliches Ärgernis ablehnten.

Caterinas Spiritualität, die sich anfangs so privat gegeben hatte, wurde zu einer kirchlichen Spiritualität. Lag die Ursache dafür in der Vision ihrer Kindheit, in der ihr Christus in päpstlichen Gewändern erschienen war, oder wirkte vielleicht die nun deutlich kirchliche Form ihrer Spiritualität auf die Erinnerungen und Beschreibungen dieses Erlebnisses in der Kindheit zurück und beeinflusste diese? Wie auch immer, man darf keinen einzigen Aspekt des Geistes und der Theologie der erwachsenen Caterina von ihrer tiefen Verbundenheit mit der Kirche trennen. In den Jahren ihrer Einsamkeit hatte sie eine sehr introvertierte, selbstgenügsame Beziehung zu ihrem Gott gesucht, auch wenn sie sich kasteite. Bis zu ihrer mystischen Vermählung mit Jesus und noch bis in diese Erfahrung hinein war es ihr Ideal gewesen, „allein zu sein mit dem Alleinigen". Doch in dieser Erfahrung wurden ihr die Augen dafür geöffnet, dass der Gott, mit dem sie sich vereinigt hatte, ein Gott ist, der draußen bei den Menschen sein wollte. Die Brust des Gekreuzigten, an der sie bald danach auf mystische Weise trinken durfte, wurde ihr zunehmend deutlich gezeigt als die Brust, die die ganze Welt mit der Milch der Liebe nährt, während sie selbst gleichzeitig zu diesem „Ammendienst" berufen wurde.

In ihrer Neigung zum Rückzug ins Private hatte Caterina der Aufforderung Christi, ihr Zimmer zu verlassen und ihm zu folgen, Widerstand geleistet. Später, nach ihrer Wiederbelebung aus einem todesähnlichen Zustand, ihrem so genannten mystischen Tod, wehrte sie sich gegen die Herausforderung, ihren Horizont über die Belange ihrer Stadt und Republik hinaus zu erweitern. Ihre kompromisslose Aufrichtigkeit zwang sie jedoch, hinauszugehen auf der Suche danach, wie sie Gebet und Dienst miteinander verbinden könnte und die Gottesliebe mit der Nächstenliebe. Bis dahin war die Kirche für Caterina der Hafen, wo sie sich am Wort und am Blut (ihrer zentralen doppelte Metapher für Christus) zu ihrem eigenen Heil labte. Nun musste sie mit dem Mysterium der Kirche in ihrer sozialen Realität ringen, mit all ihren Zwiespältigkeiten und ihrer sakramentalen Tiefe.

In diesem Ringen begriff Caterina die Kirche zunächst in der damals am häufigsten gepredigten Lehre als Einrichtung, die durch ihre Autorität Christus in der Welt vergegenwärtigt und durch ihre Struktur und Hierarchie „Christus auf Erden" darstellt. Das ist natürlich nicht überraschend bei dem beträchtlichen politischen Engagement ihrer Ratgeber – besonders das Raimondos – und in der historischen Situation, in der die kirchliche Obrigkeit alle Lebensbereiche beeinflusste von der Frömmigkeit bis zu Handel und Politik. Caterinas Beten und ihre Rolle als Beraterin und Vermittlerin führte sie dann jedoch immer tiefer in die sakramentale Wirklichkeit der Kirche ein als „Christus auf Erden" mit ihrer erlösenden Sendung.

Wir wissen nicht genau, ab wann Caterina begann, diese Identität Christi und der Kirche zu betonen. Vielleicht geschah das, als sie mehr und mehr die Einheit der Kirche durch die Liga der italienischen Republiken bedroht sah, die sich auflehnten gegen das avignonensische Papsttum und gegen seine Legaten auf der Apenninen-Halbinsel. Jedenfalls begann sie zu dieser Zeit, in ihren Briefen über die Konsequenzen dieser Identität zu sprechen und gegen jede Zwiespältigkeit zu kämpfen.

Bei einer nur oberflächlichen Lektüre dieser Briefe und des *Dialogs* könnte man zu dem Schluss kommen, dass Caterina die Kirche blindlings absolut setzte, die sie zudem mit dem Papsttum gleichsetzte, das durch eine übertriebene Vorstellung von der eigenen Autorität despotisch geworden war. Sicher, sie war ein Kind ihrer Zeit, in der Strukturen und Autorität der Kirche als geistliche Institution fraglos hingenommen wurden, sogar von Menschen, die sich wehrten gegen die kirchliche Politik und die Persönlichkeiten, die sie verwalteten. Es gab zwar Bewegungen, die bereits auf die protestantische Reformation hindeuteten, diese hatten aber noch keine Auswirkungen, genau so wenig wie die Theorie der Trennung von Kirche und Staat. Die Unterscheidung zwischen der Kirche als religiöser Institution und der Kirche als politischer Körperschaft war in den jeweiligen Situationen tatsächlich nicht immer einfach. Aber Caterina hatte ein sicheres Gefühl für diese Unterscheidungen. Sie betonte unmissverständlich, dass es ihr nicht um Politik gehen könne.[144] Selbst wenn sie die Begrenztheit jeder weltlichen Autorität oder Person betonen konnte, betrachtete sie doch, wie damals jedermann, die kirchliche Autorität als von außen unverletzbar. Vom Papst sprach sie als dem „Christus auf Erden, dem zu gehorchen ihr alle verpflichtet seid, sogar bis in den Tod. Wer auch immer sich weigert, ihm zu gehorchen, ... lebt in Verdammnis."[145] Tatsächlich hatte Papst Bonifaz VIII. genau das nur einige Jahrzehnte zuvor verfügt![146] „Selbst wenn der Stellvertreter der Teufel selbst wäre, soll ich mich ihm nicht widersetzen."[147] Auch darf sich die staatliche Gewalt nicht anmaßen, der Geistlichkeit Gesetze zu geben oder sie gerichtlich zu verfolgen, selbst nicht in eindeutig staatlichen Angelegenheiten wie Besteuerung oder kriminellen Handlungen.[148]

Caterinas Schriften zeigen jedoch deutlich, dass sie mit der tieferen Realität der Kirche gerungen und von daher ihre Autorität nicht blind akzeptiert hat. So gebrauchte sie z B. immer nur den Ausdruck „Diener der Wahrheit" und niemals „Lehrer der Wahrheit", wenn sie von Geistlichen oder der Kirche (als ganzer) sprach. Damit betonte sie, dass die Kirche und ihre Verantwortlichen nur Diener der Wahrheit seien, in deren Namen sie befahlen und lehrten; Christus allein wird Lehrer oder Herr der Wahrheit genannt. Die Kirche – und mit gebührendem Abstand stellvertretend der Papst – ist mit der Autorität Christi auf Erden nur in dem Sinn beauftragt worden, als sie die Sendung des einzigen Wortes Gottes fortzusetzen hat. Die Achtung und der Gehorsam, die dem Papst und anderen kirchlichen Gewalten zukommen, waren für Caterina ausschließlich in deren dienender Rolle verankert.

144 Vgl. Brief T123, an die Verteidiger von Siena.

145 Dialog 154, 328.

146 Bulle *Unam Sanctam* vom 18.11.1302 (vgl. DH 870-875).

147 Brief T28, an Bernabò Visconti.

148 Vgl. Dialog 115, 215; Brief T28, an Bernabò Visconti.

„Ach liebster Vater (schrieb sie an Kardinal Pedro de Luna), verliebt Euch in diese Wahrheit, damit Ihr eine Säule im mystischen Leib der Kirche werden könnt, wo diese Wahrheit verwaltet werden muss. Denn in ihr ist die Wahrheit, und weil in ihr die Wahrheit ist, muss diese von vertrauenswürdigen Menschen verwaltet werden, die die Wahrheit lieben und von dieser erleuchtet werden; nicht von Menschen, die ihr gegenüber unempfindlich sind und nichts von ihr wissen. … Ach! Ich sterbe, weil ich beim Anblick derer, die für die Wahrheit sterben sollten, denen aber alle Wahrheit fehlt, nicht sterben kann. Deshalb wünsche ich, mein lieber Vater, dass Ihr Euch in die Wahrheit verliebt …“[149]

Daher gibt es für Caterina eine allgemeine Verpflichtung zur Wahrheit, die auf jeder Ebene Offenheit und Dialog verlangt. Nicht einmal ein Papst kann es sich erlauben, seine Autorität von seinem Dienst am Wort zu trennen. So schrieb sie an Urban VI., den sie häufig seiner selbstherrlichen und sogar gewalttätigen Art wegen zur Rede stellte. Konkret nahm sie hier Bezug auf Ernennungen und Reformmaßnahmen, derentwegen Urban einen ihrer Freunde, einen Dominikaner, der diese Maßnahmen in Frage stellte, zum Schweigen gebracht hatte.

„Ach, allerheiligster Vater, habt Geduld, wenn Menschen mit Euch über diese Dinge sprechen. Denn sie sprechen nur zur Ehre Gottes und zu Eurem Wohl …, da sie ja sehr gut wissen, dass ihr Vater für eine sehr große Familie zu sorgen hat und dabei doch nur den Weitblick eines einzigen Menschen besitzt. Wenn also seine treuen Kinder nicht aufmerksam genug sich um die Ehre und das Wohl ihres Vaters sorgten, würde die-

149 Brief T284.

ser oft Fehler begehen. … Ihr seid der Vater und der Herr der ganzen Christenheit, wir alle leben unter den Flügeln Eurer Heiligkeit. Was die Autorität betrifft, so könnt Ihr alles tun; aber was den Weitblick betrifft, so könnt Ihr nicht weitersehen als jeder andere Mensch. Deswegen ist es wesentlich, dass Eure Kinder einmütig und ohne sklavische Furcht genauso auf Gottes Ehre achten wie auf Eure Ehre und Euer Heil und auf das Heil der Lämmer unter Eurem Stab. Ich weiß, dass Eure Heiligkeit Helfer haben möchte, die Euch wirklich helfen; aber Ihr müsst genug Geduld aufbringen und ihnen zuhören."[150]

Mit liebevoller Aufrichtigkeit und mit aufrichtiger Liebe hörte Caterina anderen zu; aber sie erwartete, dass Autoritätspersonen auch ihr zuhörten. Sie erwartete und setzte voraus, dass sie zusammen auf den Geist hörten, der allein, wie sie sagte, Regeln aufstellen konnte.[151] Hierin lagen ihre Kraft und ihre Hoffnung auf Reformen, während menschlicher Egoismus und Unwissenheit die mystische Identität von Christus und der Kirche mit unendlich vielen Zwiespältigkeiten belasten. „Wir sind alle bereit, Eurer Heiligkeit zu gehorchen (schrieb sie an Urban VI.) – ich und jene, die mir Gott geschenkt hat, damit ich sie mit besonderer Liebe lieben soll – und sogar bereit, bis zum Tod zu leiden, wenn wir Euch mit den Waffen des heiligen Gebets, des Säens und des Verkündens der Wahrheit helfen, wo auch immer es Gottes gütigem Willen gefällt – und wir verkündigen die Wahrheit, sogar auch Eurer Heiligkeit."[152]
Wir erkennen aus diesen Zitaten Caterinas Glauben an die tie-

150 Brief T302.

151 Vgl. dazu z.B. Brief T294, an Sano di Maco und an die anderen Jünger in Siena: „Versucht nicht, dem Heiligen Geist Regeln aufzuzwingen, er ist die Regel und er setzt die Regeln fest. Versucht nicht, dem Einen, der grenzenlos ist, Grenzen zu setzen."

152 Brief T306.

fere Bedeutung der Identität Christi und der Kirche, nämlich, dass die Kirche „Christus auf Erden" ist, aber nicht in absoluter Autorität, sondern nur in Beziehung zu allem, was die Sendung Christi betrifft. Da alles einschließlich der kirchlichen Autorität, mit dieser Sendung verbunden sein muss, konnte Caterina vieles nicht absolut setzen, wie das andere Menschen, und das sogar im Namen Christi, taten.
Caterina sprach unaufhörlich über Jesus und seine Sendung als WORT *und* BLUT, WAHRHEIT *und* LIEBE. Das WORT Gottes ist nicht nur etwas Verstandesmäßiges, das in Dogmen und Gesetze gefasst werden könnte. Das WORT Gottes ist die WEISHEIT und die WAHRHEIT, die alles in Liebe richtet. Gottes WORT, Gottes WAHRHEIT, Gottes WEISHEIT, Jesus, in unerhörter, bedingungsloser Liebe, hat sein ganzes Sein, sein Blut hingegeben, um die Wahrheit und die Liebe wieder in eine Welt zurückzubringen, die von Lüge und Hass zerstört ist. Diese Sendung konnte ihrem Wesen nach nicht mit dem Tod Jesu enden, sondern musste weitergehen im „Christus auf Erden", in der Kirche, in dem Weinkeller, der sein Blut birgt.[153] Caterinas kirchliche Spiritualität ist deshalb viel mehr als nur Konformität mit Dogmen und mit Gesetzen. Sie ist Einklang mit Jesus in seiner erlösenden Sendung.

> „Es ist wahr (betete sie), dein Sohn wird nicht mehr wiederkommen, außer in Herrlichkeit, um zu richten. … Aber wie ich sehe, nennt man deine Diener Christen, und durch sie willst du die Welt vom Tod befreien und sie zum Leben zurückbringen. Wie? Du willst, dass deine Diener tapfer den Weg des Wortes gehen, in Sorge und mit dem brennendem Verlangen, zu deiner Ehre und zum Heil der Seelen zu wirken, und dafür geduldig

153 Vgl. Brief T306, an Papst Urban VI.: „Ihr besitzt den Schlüssel zum Weinkeller der Kirche, in dem das Blut des fleckenlosen Lammes aufbewahrt wird."

> Schmerz zu ertragen, Qual, Schande, Tadel – von wem auch immer. … Ach, bester aller Ärzte! Schenke uns doch solche Christen, die in dauernder Wachsamkeit leben, in Tränen und mit Gebeten für die Rettung der Welt. Du nennst sie deine Christen, weil sie deinem eingeborenen Sohn ähnlich sind. Ach, ewiger Vater! Lass uns nicht töricht sein, nicht blind oder kalt oder so schlecht sehen, dass wir uns selbst nicht sehen, sondern schenke uns die Gabe, deinen Willen zu erkennen."[154]

Rufen wir uns den Wendepunkt in Caterinas Leben noch einmal ins Gedächtnis, als sie die Erfahrung der Vermählung mit Christus in Einsamkeit als die höchste Erfüllung der Liebe und der Vereinigung mit Gott missverstanden hatte und sie aufgefordert wurde, mit Jesus in die Welt hinauszugehen, um tiefer zu suchen. Als sie etwa zehn Jahre später ihren *Dialog* schrieb, sollte sie darauf bestehen, dass wir noch nicht vollkommen lieben, wenn wir mit Gott befreundet oder ihm sogar „vermählt" sind. Nein, die höchste Form der Liebe ist es, Gottes Kind zu werden und Gottes Eingeborenem, dem Gekreuzigten, ähnlich. Hier ist sie sich mit ihrem geliebten Paulus einig:

> „Denn ihr habt nicht einen Geist empfangen, der euch zu Sklaven macht, so dass ihr euch immer noch fürchten müsstet, sondern ihr habt den Geist empfangen, der euch zu Söhnen – und Töchtern – macht, den Geist, in dem wir rufen: Abba, Vater! So bezeugt der Geist selber unserem Geist, dass wir Kinder Gottes sind. Sind wir aber Kinder, dann auch Erben; wir sind Erben Gottes und Miterben/Miterbinnen Christi,

154 Gebet 19, 178f. Aus dem Textzusammenhang wird deutlich, dass Caterina hier mit „Christen" alle Getauften meint, nicht nur die Priester. [Der Zeilenfall wird hier und bei allen Gebeten um der besseren Lesbarkeit des Texts willen dem Noffkeschen Text gegenüber in Fließtext verändert; Anm. zur deutschen Ausgabe.]

wenn wir mit ihm leiden, um mit ihm auch verherrlicht zu werden."[155]

Nun besteht die Pflicht eines Erben, einer Erbin nicht nur darin, den Familienreichtum zu übernehmen; viel wichtiger ist es, den Fortbestand der Familie zu sichern. Das Blut des Gekreuzigten nährt das göttliche Leben und trägt es weiter, und wenn wir eins mit dem Gekreuzigten werden, „Erben zusammen mit Christus", treten wir ein in das Mysterium der Erlösung, in dem auch *unser* Blut für das Leben der Welt hingegeben wird, „Blut für Blut"[156], „wenn wir mit ihm leiden", damit der nächsten Generation der Kinder Gottes neues Leben und neue Nahrung gegeben werden.[157] In solcher Liebe zu leben bedeutet, in Wahrheit zu leben. Gemeinsam in solcher Liebe und in solcher Wahrheit zu leben bedeutet, wahrhaftig Kirche zu sein, wahrhaftig „Christus auf Erden".

Aber ach! Die menschliche Realität! Caterina kannte ihre Zwie-

---

155 Röm 8,15-17.

156 Briefe T131; T 141; T143; Gardner I. Edmund Gardner entdeckte und veröffentlichte eine Anzahl von Briefen, die in früheren Sammlungen nicht enthalten waren (Saint Catherine of Siena. A study in the religion, literature and history of the fourteenth century in Italy, London 1907). Diese sind in seiner Veröffentlichung mit seinem Namen und der römischen Ziffer gekennzeichnet.

157 Vgl. Brief T259, an Tommaso d'Alviano: „Gott möchte, wie ich schon sagte, dass das Menschengeschlecht im Blut neu geboren wird, und niemand kann ohne das Licht des Glaubens an den Früchten des Blutes teilhaben. Deswegen sagte Christus zu Nikodemus: ‚Niemand kann in das ewige Leben kommen, wenn er nicht neu geboren wird.' Christus wollte damit zeigen, dass der ewige Vater ihn beauftragt hatte, dieses Kind, das Menschengeschlecht, aus Liebe zu empfangen und in wahrem Gehorsam auf dem Holz des hochheiligen Kreuzes zu gebären, mit Hass und Verachtung für die Sünde seines ersten Vaters." Vgl. auch T144, an Monna Paola: „Ich bitte euch, sucht so oft ihr könnt eure Zelle auf – die Zelle eurer Seele wie auch die Zelle eures Leibes „, und dort beschäftigt euch in Liebe und mit heiligem Verlangen damit, Seelen zu ‚essen' und ihnen zum Leben zu verhelfen im Angesichte Gottes. Und wann immer ihr gebeten werdet, anderen Menschen bei ihren Problemen beizustehen, versucht ernsthaft, sie aus den Klauen des Teufels zu retten. Lasst dies das Zeichen sein, dass wir wahrhaftig [Gottes] Kinder sind, weil wir auf diese Weise den Fußspuren unseres Vaters folgen." Außerdem T141, an Don Giovanni deí Sabatini: „Ich gebäre euch mit Gebet und Sehnsucht in Gottes Gegenwart genauso wie eine Mutter ihr Kind gebärt."

spältigkeit sehr wohl. Sie ging nach Pisa, nach Lucca, nach Florenz, um sich für Einheit und Versöhnung im Krieg der Städte gegen das Papsttum einzusetzen, wobei sie auf beiden Seiten sowohl Ungerechtigkeit wie auch berechtigte Klagen sah. Als Briefe und Boten, die an den päpstlichen Hof gesandt worden waren, nichts auszurichten schienen, reiste sie persönlich nach Avignon, um dort von den Florentinern verleugnet zu werden, in deren Namen und Interessen sie gekommen war. Während ihres Aufenthaltes in Avignon konnte Caterina Papst Gregor XI. zwar für den Entschluss gewinnen, die lange Abhängigkeit des Papsttums von Frankreich zu beenden und nach Rom zurückzukehren, aber dieser bereute dann auf seinem Totenbett, dass er auf den Rat einer so aufdringlichen Frau gehört hätte! Caterina beendete ihren Aufenthalt in Rom, wohin Papst Urban VI. sie zu Beginn des großen westlichen Schismas geholt hatte. Viele warfen ihr vor, sie selber hätte das Schisma durch ihre wichtigtuerische Einmischung heraufbeschworen. Das völlige Scheitern ihrer Sendung empfand Caterina so, als würde die ganze Kirche auf ihren Schultern lasten und war derart niedergedrückt, dass sie nicht mehr zu Kräften kam. Caterina von Siena starb am 29. April 1380, gelähmt, erschöpft, ausgezehrt und verbraucht, im Alter von kaum 33 Jahren.
Caterina hatte Frauen und Männer gewonnen, denen sie ihre Erleuchtungen in Freundschaft mitteilte, in Hunderten von Briefen, durch ihre Gebete, wenn sie laut in ihrer Gegenwart meditierte, und durch das Buch, das sie als eine Zusammenfassung ihrer Lehre für sie und andere Gleichgesinnte geschrieben hatte. Sie hatte predigen wollen und hatte gepredigt, sogar vor Kardinälen und Päpsten. Sie hatte mit ihren Worten und durch die Kraft ihres Lebens sowohl das einfache Volk wie auch Politiker, die Geistlichkeit und Herrschende beeinflusst. Und doch starb sie im Bewusstsein, dass ihr manchmal fehlgeleitetes, übertriebenes Verhalten dazu beigetragen hatte, ihren Körper zu zerstören, den sie so liebend gern im Martyrium geopfert

hätte. Sie, die sich immer des Willens Gottes so sicher gewesen war, bekannte nun, dass sie nicht wusste, was Gott mit ihr vorhatte. Ihr Bitten und Flehen war gerade von denjenigen ignoriert worden, die sie am dringlichsten überzeugen wollte. Es war ihr nicht gelungen, Papst Urban VI. dazu zu bringen, seine Arroganz und seine Gewalttätigkeiten, die seine Reformbemühungen zum Scheitern brachten, zu zügeln. Vor allem hatte sie anscheinend ausgerechnet die Gefahr eines Schismas verschärft, nachdem sie mit jedem Quäntchen ihrer Energie versucht hatte, das Schisma zu verhindern oder es wenigstens zu beenden. Haben wir sie also leichtfertig Doktor, d.h. Lehrerin der Kirche, genannt? War sie stattdessen ausgerechnet in ihrer kirchlichen Sendung eine Versagerin? Ich glaube nicht. Aber ich bin zu der Überzeugung gekommen, dass Caterinas wahre Bedeutung für uns nicht nur auf ihren Worten und Taten beruht, die man meistens als Beweis ihrer Größe nennt. Ich bin davon überzeugt, dass sich ihre eigentliche Größe, scheinbar widersprüchlich, in ihrer größten Schwachheit zeigte. Wie jede und jeder von uns musste Caterina die Erlösung in ihrer eigenen Gebrochenheit annehmen, damit sie vollkommen verwirklicht werden konnte. Gerade in ihrem völligen Zusammenbruch kurz vor ihrem Tod, als Caterina schließlich sogar diese Gewissheit über Gottes Willen, die bis dahin so charakteristisch für ihre Spiritualität und ihre Lehre gewesen war, loslassen musste, entfalteten sich ihr Leben und ihre Worte zu einem Schatz der Reinheit und der Einheit, den sie bis heute für uns darstellt. In dieser Preisgabe muss Caterina wie nie zuvor die Bedeutung der frühen Offenbarung verstanden haben, von der sie so oft zu ihren Jüngern sprach, als Gott zu ihr gesagt hatte: „Weißt du, wer du bist, meine Tochter, und wer ich bin? Wenn ja, dann bist du im Besitz der Glückseligkeit. Du bist diejenige, die nicht ist, und ich bin der EINE, der ist“.[158]

158 Leben, I, X, 92, 85.

Caterina war eine gute Lehrerin und Predigerin, vor allem aber war sie eine kompromisslos und aufrichtig nach der WAHRHEIT und der LIEBE Suchende, die Gott im gekreuzigten Jesus darstellt. Ihre kirchliche Spiritualität bestand darin, dass sie mit Jesus ihr Blut, d.h. ihr ganzes Sein hingab. Nicht ihre Wahrheit oder ihr Wille trug schließlich den Sieg davon, sondern ihr Ringen darum, der Welt die Wirklichkeit der Wahrheit und Liebe Gottes näher zu bringen. Sie erkannte am Ende, dass ihr Martyrium in ihrem Zusammenbruch und ihrem Versagen bestand und dass sie voll und ganz ihr Leben hingegeben hatte, um Wahrheit und Liebe wieder herzustellen.

Gewiss gibt es heute nicht weniger Widersprüchlichkeiten in der geheimnisvollen Identifikation zwischen Christus und der Kirche, als zu Caterinas Zeit im 14. Jahrhundert. Wir Christinnen und Christen sind, wenn es um soziale und ethische Fragen geht, immer noch alles andere als eine eindeutige Inkarnation der Wahrheit und Liebe Gottes, weder innerhalb der Kirchen noch zwischen unseren Kirchen oder über die kirchlichen Grenzen hinaus, – sogar dann nicht, wenn wir behaupten, im Namen Christi zu sprechen und zu handeln. Ich fürchte, es geschieht nicht immer aus Liebe und im Dienst der Wahrheit, wenn wir kirchliche Autorität und Strukturen bemühen, um unser Verständnis von der Wahrheit zu rechtfertigen.

Wir sind noch *nicht* vollkommen und wahrhaftig KIRCHE. Wir sind noch *nicht* vollkommen und wahrhaftig „Christus auf Erden". Aber eben deswegen haben wir Grund, auf solche Menschen zu hoffen, deren Spiritualität sich nicht nur in der Einsamkeit für Gott öffnet, sondern auch füreinander und für die Welt in gemeinsamem und kompromisslosem Streben nach Gleichförmigkeit mit der Wahrheit und der Liebe in Jesus Christus, in der Bereitschaft, ihr Blut mit seinem Blut für das Leben der Welt hinzugeben. Das ist keine einfache oder sieghafte Spiritualität. Aber wenn es uns wirklich um die Wahrheit und um die Liebe Gottes geht, um die Sendung des WORTES und des BLU-

TES, dann dürfen wir weiter gemeinsam auf der Suche bleiben und singen, wie Caterina aus den Abgründen von Rebellion und Schisma und menschlicher Gebrochenheit heraus sang: „Meine Seele ist glücklich und jubelt in diesem Schmerz – weil ich mitten unter den Dornen schon den Duft der sich öffnenden Rose erahne!“[159]

159 Brief T137, an Matteo di Fazzio deí Cenni.

5. Hineinwachsen in Wahrheit und Liebe

Bei der Theologie und der Spiritualität, die wir in den vorausgehenden Kapiteln bedacht haben, geht es ganz allgemein um die Theologie und die Spiritualität der erwachsenen und gereiften Caterina. Das war sie, wie wir gesehen haben, zu Beginn ihrer Tätigkeit noch nicht, und dies ist eine der erfrischendsten Seiten dieser Frau, die heute Doktor, d.h. Lehrerin der Kirche genannt wird. Sie *wuchs und wandelte sich*, gerade weil sie die Begrenztheit ihrer ersten Vision erkannte, bis diese Vision zu der ausgewogenen, sendungsbewussten kirchlichen Vision wurde, die wir heute schätzen.

Die Spiritualität der jungen, heranwachsenden Caterina war überwiegend eine *Mein Jesus und ich-Spiritualität.* Aber ihre Aufrichtigkeit, gerade in dieser Hinsicht, besonders während ihrer Jahre in schweigender Einsamkeit, führte sie aus dieser egozentrischen Isolation hinaus in eine die ganze Welt umfassende Weite. Die junge, heranwachsende Caterina war außerordentlich zurückhaltend und empfand es als sehr peinlich, dass ihre sorgsam gehüteten Einsichten, die ihr so wichtig waren, öffentlich bekannt wurden. Doch ihre Kompromisslosigkeit in allem, was sie als Gottes Willen für sich erkannte, führte sie schließlich dahin, offensichtlich ohne große Hemmungen, mit Menschen aller Art, jedes kirchlichen Ranges und aller gesellschaftlichen Klassen in Kontakt zu treten. Die junge, heranwachsende Caterina war in ihrer Askese so gewalttätig, dass sie dadurch ihrem Körper dauerhaften Schaden zufügte und so wohl auch ihren frühen Tod mit verursachte.

Nachdem sie jedoch die Folgen ihrer jugendlichen Torheit im Laufe ihres Lebens akzeptierte, lernte sie, auf sich zu hören und achtsamer mit sich umzugehen. Aus einer Liebe, die wesentlich um den eigenen, innigen Besitz Gottes kreiste, wuchs sie in eine

Liebe hinein, die aus sich hinausging, befreiend war und dennoch tief im kontemplativen Gebet verwurzelt blieb. Ihr angeborener Eigensinn, der sich in den frühen Jahren ihres geistlichen Dienstes so oft in ihrem kräftigen *„Io voglio"* – „Ich will es" zeigte, wurde zu einer ruhigen und besonnenen Leidenschaft, mit der sie sich für die Unbedingtheit von Gottes Willen einsetzte und die sie in den letzten Monaten ihres Lebens sogar zu dem Eingeständnis bewegte, dass sie nicht wüsste, was Gott in ihr wirkte.[160]

Dieses Wachstum verlief nicht einfach und sanft. In jeder Phase hin zu einer tiefen Erkenntnis und geistlichen Wandlung treffen wir auf eine Frau, die darum *kämpfte*, in ihren Reaktionen und Antworten ehrlich und wahrhaftig zu sein. Sie ist eine Person, die mit Gott rang, wohl wissend, dass Gott immer gewinnen würde. Als sie etwa 20 Jahre alt war, wehrte sie sich gewaltig gegen die plötzliche Erkenntnis, dass sie aus ihrer Einsamkeit in den konkreten Dienst gerufen würde. Ungefähr zwei Jahre später lehnte sie sich dagegen auf, aus einem todesähnlichen Zustand ins Leben zurückgerufen zu werden, um einer noch größeren und feindlicheren Öffentlichkeit entgegenzutreten.[161] Wir würden heute von einem Erwachen aus dem klinischen Tod sprechen; ihre Biografen sprachen von ihrem „mystischen Tod". Manchmal fand sie es nahezu unmöglich, mit schwierigen Menschen, ob deren Widerwärtigkeiten, Verleumdungen und Beleidigungen weiter zusammenzuarbeiten. Schließlich war es hart

160 Brief T273, an Raimondo da Capua.

161 Leben, II, VI, 214-216, 202-204. Im Herbst des Jahres 1370, so sagt Caterina, hätte sie sich „in einem Zustand großer Erschöpfung ins Bett legen müssen". Wiederholt bat sie darum, sterben zu dürfen, und an einem bestimmten Sonntag schien es, als ob sie tatsächlich gestorben wäre. Vier Stunden lang erlebte sie die Finsternis der Hölle und „die Göttliche Wesenheit". Diese Erfahrung gipfelte in dem Befehl, „auf die Erde zurückzukehren", um noch umfassender zu dienen, als sie das bis dahin getan hatte. Schon liefen die Nachbarn zusammen, um ihre Mutter und ihre Familie zu trösten, da öffnete sie die Augen. Als ihr bewusst wurde, dass sie noch am Leben war, „brach sie in einen Weinkrampf aus, der drei Tage und drei Nächte hindurch anhielt."

für sie, mit der Tatsache fertig zu werden, dass sie aufgrund ihres eigenen Unvermögens ausgerechnet dort versagte, wo sie am sehnlichsten erfolgreich zu sein wünschte, nämlich in ihrem Bemühen, die Parteien innerhalb der Kirche miteinander zu versöhnen und zu vereinen. Tatsächlich kostete diese letzte Belastung Caterina das Leben. Dennoch war diese zerbrechliche „Versagerin", die im Alter von 33 Jahren starb, in ihrer kompromisslosen Wahrhaftigkeit, mit der sie der Gnade antwortete, zu einem leuchtenden Zeichen der Integrität und der Integration geworden. Der Gott, der die WAHRHEIT und die LIEBE ist, fand in Caterina eine Person, die aufrichtig liebte, die die Wahrheit in Liebe lebte und sie in Liebe sagte.
Angesichts von Caterinas persönlicher Erfahrung ist es nicht erstaunlich, dass sie Spiritualität oft als ein *Wachsen* beschreibt, als *Hineinwachsen* in das Geheimnis der WAHRHEIT und der LIEBE, die Gott ist, der sich in der Person Jesu Christi offenbart hat. Wir finden das am deutlichsten bei Themen, die in ihrem *Dialog* zentral sind: die Brücke des gekreuzigten Christus mit ihren drei Stufen[162], der geistliche Fortschritt, symbolisiert durch unsere Tränen[163] und in ihrer Erörterung der Wachstumsphasen der Liebe. Dabei möchte ich etwas verweilen, weil dies das Werden ihrer eigenen spirituellen Entwicklung illustriert, hin zu einer Spiritualität, die umfassend pastoral und kirchlich wurde.

Caterinas Lehre vom geistlichen Wachstum

In den Kapiteln 57-66[164] des *Dialog* stellt Caterina ihre Sicht vom Wachstum in Wahrheit und Liebe ausführlich dar und das in einer Ausdrucksweise, die zumindest in den detaillierten Feinabstimmungen ihre ureigene zu sein scheint. Denn für sie liegt

162 Dialog 26-87, 64-160.
163 Dialog 88-97, 161-183.
164 Dialog 65f., 111-127.

der Höhepunkt der Reifung weit über dem in der Tradition ihrer Zeit gängigen Schema.

Der Anfang eines Wachstums, sagt Caterina – oder die ersten Anzeichen dafür – können sich in einer Art von knechtischem Zustand äußern. Wir erkennen und fürchten die Konsequenzen unserer Sündhaftigkeit und wenden uns deshalb Gott zu. Wenn wir nicht mehr zustande bringen als das, kann das ein guter Ausgangspunkt für die geistliche Entwicklung sein, aber auch nicht mehr. Der eigentliche Beginn unserer Reifung liegt in der Einsicht, dass man Gott nicht nur fürchtet als den Herrn unseres Geschicks, sondern dass man ihn lieben soll und sei es zunächst nur wegen des Vorteils, der darin für uns liegt. So werden wir aus Knechten zumindest zu Söldnern: Wir tun unsere Pflicht; Gott zahlt uns dafür unseren Lohn – aber das ist auch alles. Bestenfalls ist das eine Beziehung wie zwischen Arbeitgeber und Arbeitnehmer, jedoch ohne persönlichen Austausch, ohne die Enthüllung von Geheimnissen, selbst dann nicht, wenn wir uns vom bloßen Lohnempfänger zum „guten und treuen Knecht" weiterentwickeln.

Wenn unsere Glaubenstreue weiterwächst, bietet sich die Möglichkeit, dass daraus eine tiefe Freundschaft und sogar eine bräutliche Beziehung zu Gott entsteht. Dies galt in der gängigen mittelalterlichen Tradition als die Vollkommenheit der Liebe. So wurde Caterina von ihren Jüngern gesehen, wenn sie sie in ihren Schriften und in ihren künstlerischen Darstellungen als Braut Christi vorstellten. So sah sich die zwanzigjährige Caterina auch selbst noch zur Zeit ihrer „mystischen Vermählung".

Genau in der Mitte dieser Erfahrung wurde Caterina als Höhepunkt ihrer Zeit in Einsamkeit und Gebet bewusst, dass es bei der mystischen Erfahrung nicht um Gott allein geht, sondern gleichzeitig um die ganze Welt. Zu Beginn des dritten Jahres ihrer Einsamkeit hatte sie immer wieder um „die Stärkung des Glaubens" gebetet und darum, Gott möge „ihr diese Tugend in solcher Fülle schenken, dass in Zukunft keine feindliche Macht den Glauben erschüttern oder ausreißen könnte."[165] Die Antwort, die sie fortwährend in sich spürte, fand sich im Buch des Propheten Hosea 2,22: „Ich traue dich mir an um den Brautpreis meiner Treue."

Als ihr intensives Beten und Fasten am Fastnachtdienstag durch die mystische Gegenwart Christi beantwortet wurde, der ihr mit diesen Worten einen Vermählungsring an den Finger steckte, war ihre ganze Aufmerksamkeit von der Intimität dieses Augenblicks gefesselt, einer Intimität, die sich bis in die Ewigkeit hinein zu erstrecken schien. Raimondo da Capua, der von diesem Erleben berichtet, war ebenfalls von dieser Intimität ergriffen. Er erwähnt in seinem Bericht über dieses Ereignis allerdings auch Caterinas Erinnerung an die in einem Atemzug an sie ergangene Aufforderung Christi: „Von nun an darfst du niemals mehr zögern, irgendeine Aufgabe anzunehmen, die meine Vorsehung dir auferlegt." Raimondo beginnt hier einen neuen Abschnitt seines Berichtes, um von der danach unmittelbar einsetzenden geistlichen Entwicklung Caterinas zu erzählen. Denn nach diesem Ereignis mündete die intensive Intimität ihrer Gebetszeiten folgerichtig und umgehend in der Aufforderung, in Dienst und Gefährtenschaft zu den Menschen zu gehen.

Caterina empfand diesen Befehl als Widerspruch zu ihrer Vermählung. Die Antwort Christi sollte ihre Glaubenstreue jedoch für immer grundlegend verändern:

> „Es ist gerecht, wenn du ALLE Gerechtigkeit erfüllst, denn nun muss meine Gnade, die in dir lebt, nicht nur in dir, sondern ebenso in anderen Seelen fruchtbar werden. Ich habe nicht die geringste Absicht, dich von mir zu trennen, sondern will sichergehen, dich mir durch das Band der Liebe zum Nächsten noch enger zu ver-

165 Leben, I, XII, 114, 106. Die Einzelheiten der folgenden Geschichte beruhen auf demselben Bericht von Raimondo da Capua, der fortgesetzt wird bis in ebd., II, I, 120-122, 113-118.

> binden. Denk daran, dass ich zwei Gebote der Liebe gegeben habe: die Liebe zu mir und die Liebe zum Nächsten. ... Ich möchte, dass du nun die GERECHTIGKEIT dieser beiden Gebote erfüllst. Auf meinem Weg musst du mit beiden Füßen gehen; mit zwei Flügeln musst du in den Himmel hinauffliegen."

Das also war das Fundament der gereiften Überzeugung Caterinas: dass hinter jeder intimen Freundschaft oder gar einer Brautschaft mit Gott die Beziehung Jesu zu Gott selber steht, die eine Beziehung der Kindschaft ist, in der man im wahrsten Sinne des Wortes – wie er – Gottes Sohn oder Tochter ist.
Gotteskindschaft in Christus bedeutet also weit mehr als nur Gott zum Vater oder zur Mutter zu haben.[166] Kindschaft in Christus wird zu einer Verpflichtung, ja sogar zur Leidenschaft, in der gewissermaßen das Geschlecht fortgesetzt wird, um andere in Gott und Christus zur Welt zu bringen. Das bedeutet, die Rollen Jesu zu übernehmen, in denen er lebte als „der Erstgeborene von vielen Söhnen und Töchtern"[167]: die Rollen des Vermittlers, des Erlösers, des Lebensspenders. Unsere Liebesbeziehung mit Gott kann deswegen nicht einfach in der Intimität und der Einheit mit Gott bleiben, sondern muss sich darüber hinaus erstrecken, so wie Gott sich in Jesus ausstreckte und sich ausstreckt zu den Menschen, und, wie Caterina nicht müde wird zu wiederholen, *„bis zum Tod"*. Es ist darum kein leichter Weg, dem Aufruf zu folgen, Tochter oder Sohn Gottes in Jesus zu werden. Es ist ein Weg in „Tränen, Schweiß und Blut"[168], ein

---

166 Die Formulierung, dass man „Gott zum Vater oder zur Mutter hat", ist im Hinblick auf Caterinas Denken legitim, da sie mütterliche Bilder gebraucht, um das Verhältnis des Heiligen Geistes und Christi zur Seele zu beschreiben. So werden z.B. beide mit einer stillenden Mutter oder einer Amme verglichen, etwa im Brief T165, an Monna Bartolomea di Salvatico von Lucca.

167 Röm 8,29.

168 Ein Ausdruck, den Caterina in den Briefen T79, an die Äbtissin und die Nonnen von San Pietro in Monticelli, und T344, an Raimondo da Capua, gebraucht.

Opfer „Blut für Blut“[169]. Deswegen gibt es für die geistlich gereifte Caterina keine echte Spiritualität, die nicht pastoral, kirchlich und erlösend ist.

Caterinas Hineinwachsen in die Kindschaft in Christus

Dies vor Augen, können wir uns nun wieder mit tieferem Verständnis der Entwicklung von Caterinas eigenem geistlichem Dienst und ihrem Umgang mit speziellen pastoralen Problemen zuwenden.
Die Gewalttätigkeit, mit der Caterina ihren Körper und ihren Geist in ihrem anfänglichen Streben nach der Vereinigung mit Gott und der Gleichgestaltung mit dem gekreuzigten Jesus gequält hatte, wich mit zunehmender Erkenntnis einem Gefühl der Dringlichkeit, mit der sie nach Wahrheit und Liebe strebte, wann immer diese bedroht waren, um das Böse auszurotten und Gutes zu pflanzen. Das drückte sie oft so aus:

> „Der Weinberg, der dir zur Pflege anvertraut ist, ist untrennbar mit den Weinbergen der anderen verbunden. Du kannst dir nichts Gutes oder Böses antun, ohne dadurch anderen zu helfen oder ihnen zu schaden.“[170]

Ein Mensch, der behauptet, seine Seele sei tugendhaft geworden, der aber nie diese Tugend im Dienst für andere einsetzt, ist, sagt sie, wie eine Frau, die behauptet, schwanger zu sein, die aber nie ein Kind zur Welt bringt. Sogar der Ehemann einer solchen Frau

---

169 Der Kontext für die konkrete Formulierung ist in jedem Text der Kreuzzug: Brief T131, an Niccolò Soderini; T141, an Giovanni die Sabbatini; T374, an Bartolomeo della Pace Smeducc. Die Idee findet sich ebenfalls in weiteren Zusammenhängen, z.B. in Caterinas Angebot, ihr eigenes Blut für die Einheit der Kirche zu opfern.

170 Dialog 88-97, 161-183.

(das heißt, Gott in seiner Beziehung zu einem solchen Menschen) würde sich selber als kinderlos bezeichnen.[171] Wiederholt gab sie Menschen, denen sie schrieb, den Rat: „Wartet nicht auf die Zeit, denn die Zeit wird nicht auf euch warten!" Das Wachsen in Liebe und Wahrheit ist eine dringliche Angelegenheit!

Die Verbindung einer solchen Sicht mit Caterinas kompromissloser Aufrichtigkeit und mit der ihr eigenen dominikanischen Leidenschaft für die Wahrheit, musste sie fast unweigerlich in den apostolischen Dienst treiben, den sie – trotz der Beschränkungen, die zu ihrer Zeit für Frauen, und besonders für nichtgeweihte Frauen, galten – nun predigend und lehrend ausübte. (Wir dürfen nicht vergessen, dass Caterina keine Nonne war, sondern eine Laienschwester im Dominikanerorden.) Bei den damals herrschenden Geschlechtsvorurteilen und den klerikalen, hierarchischen Strukturen, die Caterina natürlich für selbstverständlich hielt, könnte man erwarten, dass sie zögerte, sich als Lehrerin oder als Predigerin zu sehen. *Mamma* war jedoch ein Titel, den sie gerne von ihren Jüngern annahm, ein Titel, den sie schätzte und auf den sie oft in ihren Briefen anspielte. Aber sie war entschieden eine predigende und belehrende *Mamma,* und das wurde von anderen auch so anerkannt.

Wie ihr geliebter Paulus sich gedrängt fühlte, so wurde auch sie getrieben, ihre Kinder in Christus zu empfangen, mit ihnen in Wehen zu liegen und sie zu gebären, indem sie auf jede erdenkliche Art und Weise mit ihnen teilte, was sie über den Gott, der die WAHRHEIT und die LIEBE ist, entdeckt hatte. Sie trug sie an ihrer Brust[172] und auf ihren Schultern[173], aber ganz besonders

171 Dialog 11, 45.

172 Z.B. Brief T208, an Bartolomeo Dominici, in dem sie genau das für den verzweifelten Simone da Cortona zu tun verspricht: „Sag Bruder Simone, meinem Sohn in Christus, dass ein Sohn nie Angst hat, zu seiner Mutter zu gehen. Nein, er rennt sogar zu ihr, vor allem, wenn er sich verletzt fühlt. Seine Mutter nimmt ihn in die Arme, drückt ihn fest an die Brust und liebkost ihn. Ich bin zwar eine erbärmliche Mutter, aber ich werde ihn immer an meiner Brust der Liebe halten."

173 Gebet 14, 123; ebd., 15, 136.

begegnete sie ihnen „am *Kreuz*“, wo sie für sie (und, so hoffte sie, mit ihnen) mit ihrem Leben in Christus für sie bezahlte.

> „Wie sehr sehne ich mich danach, euch auf dem Holz des süßen geliebten Kreuzes geschlachtet zu sehen (schrieb sie an ihren ersten Beichtvater, Tommaso dalla Fonte) – aber nicht ohne mich! Ich sehe keine andere Stärkung für uns, liebster Vater, als dort in brennender Liebe den Märtyrertod zu sterben. Weder sichtbare noch unsichtbare Dämonen werden uns das Leben der Gnade wegnehmen können; denn sobald wir erhöht worden sind, kann uns die Welt nicht mehr im Wege stehen. Wie der Mund der WAHRHEIT gesagt hat: ‚Wenn ich über die Erde erhöht bin, werde ich alle an mich ziehen.‘[174] – denn er zieht Herz und Seele und Willen mit aller Kraft an sich.“[175]

Nur am Kreuz, indem sie Christus dort fanden, konnten Caterinas Kinder sie selber finden; nur dort konnten sie daneben die volle Erfüllung ihrer Zuneigung zu ihr finden. So schrieb Caterina an Melina Barbani von Lucca, die sich nach der Gegenwart ihrer *Mamma* sehnte:

> „Euer Schmerz tat mir sehr leid und deswegen gebe ich euch das folgende Heilmittel, Gott so zu lieben, dass nichts zwischen euch und Gott tritt. Aber wenn ihr dann immer noch mich erbärmliche Person als Vermittlerin wünscht, möchte ich euch zeigen, wo ihr mich finden könnt, ohne dass ihr von dieser wahren Liebe getrennt werdet. Geht mit der lieben und liebenden Magdalena zum süßesten verehrungswürdigen

174 Joh 12,32.
175 Brief T139.

> Kreuz. Dort werdet ihr das LAMM und mich finden, und dort könnt ihr grasen und weiden und eure Sehnsucht stillen. Ich möchte, dass ihr mich und alle Geschöpfe auf diese Weise sucht. Lasst dieses Kreuz eure Fahne und euer Trost sein. Und glaubt nicht, dass, weil ich persönlich fern von euch bin, meine Zuneigung zu euch und meine Sorge um euer Heil fern sind. Nein, ich bin euch sogar näher als ich es körperlich sein könnte."[176]

Immer intensiver und wie in Geburtswehen liegend mühte sich Caterina darum, wie wir schon bei der Betrachtung von Caterinas kirchlicher Spiritualität gesehen haben, die ganze Kirche und die ganze Welt in Christus zu gebären. Wie Christus wollte sie lieber sterben als zulassen, dass Gottes Kinder als Totgeburt zur Welt kämen oder tot wären. Sie vergleicht die Menschheit mit Löwenjungen, die nach einem mittelalterlichen Mythos von ihrem Vater getötet und danach durch sein Brüllen wieder zum Leben erweckt werden.[177] Christus ist das LAMM GOTTES, das zum Löwen wird, und Caterina sah sich selbst und andere in der gleichen Rolle:

> „Ich habe euch gesagt (schrieb sie an Kardinal Pietro Corsini), dass ich möchte, dass ihr ein Lamm werdet, ein Anhänger des wahren LAMMES. Jetzt sage ich euch, ich möchte, dass ihr ein Löwe werdet, der in der

---

176 Brief T164.

177 Das ist ein gängiges Thema in mittelalterlichen Bestiarien; vgl. Il bestiario toscano secondo la lezione de codici di Parigi e di Roma …, ed. M.S. Garver / K. McKenzie (Società filologica romana), Roma 1912, 33: „Es liegt in der Natur der Löwen, ihre Jungen zu töten. Diese bleiben drei Tage tot, danach kommt ihr Vater und brüllt so laut über ihnen, dass die Löwenjungen ins Leben zurückkehren." Ebd., 8, wird der Löwe allegorisch als Christus gedeutet, der am dritten Tage zum Leben erhoben wird und die ganze Menschheit rettet. Wir finden dieses Bild auch bei Bernhard von Clairvaux: „Das Junge ist durch die Stimme des Löwenvaters zum Leben erweckt worden"; In die s. Paschae sermo" 5, PL 183:277.

> heiligen KIRCHE laut brüllt, mit solcher Kraft und solch lauter Stimme, dass ihr damit die Kinder, die in ihr tot danieder liegen, ins Leben zurückzubringen helft. Vielleicht fragt ihr: ‚Woher kann ich eine solch laut brüllende Stimme bekommen?' Von dem LAMM, das in seiner Menschheit sanft bleibt und nicht schreit, aber dessen Gottheit dem Schrei des SOHNES Kraft verleiht mit der Stimme seiner unermesslichen Liebe. Und so wird das LAMM zum LÖWEN durch die Kraft und die Macht des göttlichen WESENS und der Liebe, in der Gott sich mit der Menschheit verband. Vom Thron des Kreuzes aus brüllte er so laut über das tote Kind, die Menschheit, dass er uns vom Tod befreite und uns das Leben schenkte. Von ihm werden wir dann Kraft bekommen, denn die Liebe, die wir vom süßen Jesus trinken werden, wird uns an der Macht des Vaters Anteil geben."[178]

Ihre Freundin Alessa und andere Sieneser Mantellatinnen fordert sie auf, sich ihr in dieser Rolle anzuschließen:

> „Ach, liebste Töchter, ich verspreche euch, dass ihr, wenn ihr … wirklich unserem Schöpfer in Liebe [antwortet], erleben werdet, wie ihr mit Paulus in den dritten Himmel erhoben werdet, bis in die Dreifaltigkeit.[179] Ich meine damit, dass die Erinnerung an Gottes Wohltaten euch erfüllen wird und ihr teilnehmen werdet an der Macht des ewigen VATERS, da Gott euch stark und mächtig gegen den Teufel machen wird, gegen eure eigene Schwachheit und gegen die Verfolgungen durch die Welt. Und durch Leiden in wahrer Geduld werdet

178 Brief T177.

179 2 Kor 12,2.

> ihr die Welt überwinden. Ihr werdet euer Ziel erkennen, die Weisheit des GOTTESSOHNES, und ihr werdet euch an ihr erfreuen und von dieser Weisheit übernatürliches Licht erhalten. Euer Wille wird durch das Band des HEILIGEN GEISTES gebunden werden, dem Abgrund der Nächstenliebe, und in dieser Liebe werdet ihr ein sanftes, liebendes und quälendes Verlangen nach Gottes Ehre und nach der Rettung der Seelen empfangen. Wenn ihr so süß bis in die Dreifaltigkeit erhoben werdet und, wie ich gesagt habe, der Macht des Vaters, der Weisheit des Sohnes und der Gnade des Heiligen Geistes teilhaft seid, werdet ihr mit mir weinen, in brennender Liebe und grenzenloser Sorge mit mir, eurer sehr erbärmlichen und törichten Mutter, über das tote Kind, die Menschheit, und über den mystischen Leib der heiligen KIRCHE."[180]

Caterina war fest davon überzeugt, dass sie, weil sie „mit der WAHRHEIT vermählt" war, diese erlösende Rolle mit Christus gemeinsam übernahm, weil sie ihr „Gebrüll" durch ihren treuen Dienst im Beten, Schreiben und Predigen aufopferte.[181]
Aber am Ende, so sahen wir, war das „Brüllen", das sie vor allem anderen dem GEKREUZIGTEN gleichgestaltete, der Schrei ihrer Hilflosigkeit und ihrer Kapitulation am eigenen Kreuz des Versagens, der Schwachheit und des Todes. Obwohl sie in diesem Moment ihrer Ähnlichkeit mit Christus am wenigsten gewiss zu sein schien, war sie gerade da wahrhaftiger als je zuvor Tochter Gottes und als Miterbin mit Christus in ihrem Sendungsauftrag verbunden: die Saat göttlichen Lebens der ganzen Welt durch ihr eigenes Blut weiterzugeben.

180 Brief T286.
181 Nur in Brief T199, an Alessa dei Saracini, spricht Caterina einmal von sich selbst im Bild der Brautschaft: „Mein Gemahl, die ewige WAHRHEIT."

6. Gerechtigkeit, die Gefährtin der Liebe

Caterinas Theologie und Spiritualität können wohl kaum anders als kirchlich geprägt sein, da der Ausgangspunkt ihres Denkens in Gott lag, der sich in Jesus Christus als Wahrheit und Gerechtigkeit geoffenbart hat. Aber genauso unausweichlich wies dieser Ausgangspunkt den Weg zu politischen Verantwortlichkeiten, die Caterina durch den Einfluss Raimondos erkannte. Er war es, der mit politischem Scharfsinn und aufgrund seiner Erfahrungen in kirchlicher Diplomatie Caterinas Begabung zur Einflussnahme erkannte und sie dazu ermutigte und darin unterstützte, sich zu engagieren. Nach Überwindung ihrer anfänglichen Zurückhaltung erkannte auch sie, dass ihr Engagement auf diesem Gebiet vielen ihrer tiefsten Überzeugungen entsprach. Es ist wesentlich, sich daran zu erinnern, dass diese Tätigkeit für Caterina schlicht ein Forum war, um ihre Glaubensüberzeugung zu vertreten. Caterina liebte die Kirche mit einer Intensität, die unmittelbar mit ihrer Liebe zu Christus zusammenhing, und sie verlangte danach, dass die Kirche die Wahrheit in Liebe lebte. In jener Zeit war die Kirche noch mehr als heute eine politische Größe; ihre Verwaltungsstruktur untrennbar mit der öffentlichen Politik verknüpft. Daher war es unmöglich, die tiefsten Anliegen der Kirche und des Evangeliums anzusprechen, ohne in die politische Szene zu geraten, besonders, da die stärksten Spannungen jener Zeit auf diesem Gebiet lagen.

Während zur Zeit Caterinas auf der politischen Bühne eine ganze Reihe von Akteuren die traditionell gewachsenen Beziehungen zwischen Kirche und Staat als gesellschaftlich und ökonomisch bedrückend empfanden und unbedingt Veränderungen herbeiführen wollten – notfalls mit Waffengewalt –, schien Caterina selbst nur eine schwache Vorstellung von der Rolle der

Systeme und Institutionen im Zivilbereich zu haben. Das ist umso leichter verständlich, wenn wir bedenken, wie viele dieser Systeme und Institutionen sich zu der Zeit in einem Übergangszustand befanden.[182] Caterinas wichtigstes Anliegen war die Einheit der Kirche, die sie ernsthaft gefährdet sah durch die wachsenden Spannungen zwischen dem damals in Avignon residierenden Papst und den nach Unabhängigkeit strebenden Republiken im Bereich des heutigen Italiens, die zunehmend Widerstand gegen den Druck der kirchlichen Kontrolle leisteten, welche oft eher politisch und nationalistisch motiviert war als vom Evangelium her. Wie konnte die Kirche vor der Spaltung bewahrt werden, wenn nicht durch jede mögliche Vermittlung in diesen Konflikten? Wenn sie sich manchmal bis über beide Ohren in politische Angelegenheiten gestürzt hatte, wenn sie manchmal zwischen die Fronten gegnerischer Parteien geriet, von denen sie jede für ihre eigenen Ziele benützen wollte, dann waren das Konsequenzen, die sie in Kauf nehmen musste und in denen sie Todesängste litt.[183]

182 Hinsichtlich der kirchlichen Strukturen beweist sie etwas mehr Unterscheidungsvermögen, wenn sie z.B. versucht, den Papst bei der Ernennung von Kardinälen oder eines vorläufigen Dominikanergenerals zu beeinflussen, oder wenn sie Papst Urban VI. dazu überredet, ein „Konzil heiliger Menschen“ nach Rom zu berufen, die ihn beraten sollten. Obwohl sie die Vollmacht erhalten hatte, eine solche Gruppe zusammen zu rufen, blieben ihre diesbezüglichen Bemühungen doch ergebnislos.

183 In ihrem Brief an die *Priori delli Arti* und an den *Gonfalioniere della Giustizia* von Florenz (Brief Gardner IV) findet sich ein gutes Beispiel dafür. Sie schrieb diesen Brief im August 1378, nachdem sie heimlich nach Siena zurückgekehrt war, als endlich Friede zwischen dieser Stadt und Papst Urban VI. erreicht worden war und der Papst den Bann über Florenz gelöst hatte. Sie schreibt: „Ich hatte nicht vor, euch dies schriftlich mitzuteilen, ich wollte es persönlich tun zur Ehre Gottes und zu eurem eigenen Heil. Ich wollte euch besuchen, zusammen mit euch den heiligen Frieden feiern, für den ich so lange und hart gearbeitet habe, in dem ich alles tat, was in meinen schwachen Kräften stand. (Wäre ich tugendhafter gewesen, hätte ich wohl mehr tun können.) Nachdem ich dann mit euch zusammen gefeiert, Gottes Güte und euch gedankt hätte, wollte ich abreisen und nach Siena zurückkehren. Nun scheint der Teufel aber solch ungerechte Gedanken über mich in die Herzen [eurer Bürger] gesät zu haben, dass ich zu dem alten Unrecht nicht noch neues hinzufügen wollte, – je mehr hinzugefügt würde, desto größer wäre

Historisch gesehen wird Caterina manchmal mehr Einfluss in den großen politischen Krisen ihrer Zeit zugeschrieben, als sie tatsächlich hatte. Obwohl sie fast sicher den letzten Druck ausübte, der Papst Gregor XI. zu seinem Entschluss veranlasste, den päpstlichen Hof im Jahr 1376 von Avignon zurück nach Rom zu verlegen, haben wohl auch jene nicht ganz Unrecht, die ihr die Schuld an dem Schisma zuschreiben, das auf diesen Schritt folgte. In ihrem Eifer für die Einheit der Kirche stellte sie sich mitunter in einer bestimmten Frage – zu Recht oder zu Unrecht – kompromisslos auf die politisch katastrophale Seite (zumindest aus der Retrospektive). Es ist schwer zu sagen, ob sich die Dinge anders entwickelt hätten, wenn sie nicht so kategorisch auf Gregors sofortiger Rückkehr nach Rom bestanden hätte, auf der dringenden Notwendigkeit eines Kreuzzuges, auf der Rechtmäßigkeit Urban VI. als Papst, auf dem völligen Irrtum der Schismatiker.

Meiner Meinung nach liegt Caterinas bedeutend positiverer Beitrag zu Fragen der sozialen und politischen Gerechtigkeit in ihren Bemühungen, Persönlichkeiten zu beeinflussen, die vornehmlich politische und soziale Verantwortung trugen. Von den 382 erhaltenen Briefen aus Caterinas Korrespondenz sind 67 an politische Persönlichkeiten gerichtet: 13 davon an Könige

---

der angerichtete Schaden. Mit göttlicher Gnade bin ich von euch weggegangen und bete zur allerhöchsten ewigen Güte, sie möge eure Herzen befrieden und untereinander vereinen in einer solchen Liebeskraft, dass weder der Teufel noch sonst irgendjemand euch je wieder auseinander bringen kann. Was immer zu eurem Wohl getan werden kann, will ich gern tun, selbst mein Leben dafür geben, trotz aller sichtbaren und unsichtbaren Teufel, die jedem heiligen Verlangen Hindernisse in den Weg legen. Ich gehe getröstet fort, denn was ich mir vorgenommen hatte, als ich in diese Stadt [Florenz] kam, ist in mir vollendet, nämlich niemals fortzugehen, selbst wenn ich dafür sterben müsste, bevor ich euch als Söhne und Töchter mit eurem Vater versöhnt sähe. Ich sah euch in solch großer Gefahr, leiblich und geistlich. Aber ich gehe traurig und niedergeschlagen, die Stadt so verbittert zu verlassen. Wie mich aber Gott im ersten Fall getröstet hat, möge er mich auch in diesem zweiten trösten, indem er mich sehen und hören lässt, dass ihr Gottes Namen rühmen und preisen könnt, wenn ihr nicht mehr in diesem mörderischen Kriegszustand seid."

oder Königinnen, 38 an untergeordnete Staatsbeamte, zehn an Rechtsanwälte und sechs an hohe Militärfunktionäre. Sie verhandelte mit Personen, von denen einige durch Erbrecht an die Macht gelangt waren, andere durch eine Wahl oder durch Ergreifung der Macht. Manchen war sie zwar persönlich begegnet, ihr Kontakt mit den meisten blieb jedoch auf Briefe beschränkt. Sie hat sich aber offensichtlich darum bemüht, etwas über Stärken und Schwächen ihrer Briefpartnerinnen und -partner sowohl mit Blick auf ihre Art des Regierens als auch auf ihren Umgang im täglichen Leben zu erfahren. In ihren Briefen ist Caterina direkt, und wenngleich sie gelegentlich einen bestimmten politischen Schritt vorschlägt, richtet sie ihr Augenmerk doch immer zuerst darauf, ihr Gegenüber an die Grundsätze von Gerechtigkeit und Fürsorge zu erinnern, auf die sie ihre Entscheidungen und Handlungen gründen müssten. Daher gewinnen wir aus diesen Briefen und aus Teilen ihres *Dialogs* einen Einblick in den Kern ihrer Überzeugungen hinsichtlich sozialer und politischer Gerechtigkeit.

In diesem Zusammenhang werden wir wieder einmal auf die vielen Parallelen zwischen dem späten 14. Jahrhundert und unserer heutigen Zeit verwiesen. Wir werden aber auch bedeutende Unterschiede zwischen dem mittelalterlichen Verständnis sozialer Gerechtigkeit und unserem eigenen erkennen. Das sollte uns helfen, Caterinas Schriften und Handlungen fairer zu beurteilen und zu erkennen, für was sie uns auf diesem Gebiet die Augen öffnen kann, was für uns Christinnen und Christen des an der Jahrtausendwende im Mittelpunkt unserer Spiritualität und unserer apostolischen Tätigkeit steht.

Die Begründung sozialer Gerechtigkeit

Das Denken Caterinas im Hinblick auf Gerechtigkeit gründet auf „Gottes Wahrheit". Dabei versteht sie unter Gottes Wahrheit: Gott will ausschließlich unser Wohl, unsere Vervollkommnung in Wahrheit und Liebe, unsere Heiligkeit in seiner eigenen Heiligkeit. Wenn wir diese Wahrheit erkennen und danach handeln, dann „beurteilen (oder erkennen) wir Gottes Willen recht."[184]

> „O ewige Gottheit! Was sollen wir von dir sagen? Oder welches Urteil sollen wir uns über dich bilden? Wir werden urteilen und sagen, dass du unser liebevoller Gott bist, der nichts anderes will, als dass wir heilig werden."[185]
> „Die Seele, welche sich von sinnlicher Leidenschaft befreit hat, erkennt und kennt die Wahrheit, und deshalb kann sie gerecht urteilen, in klarer Unterscheidung der Geister. Welches ist das Urteil, das wir Gott zurückgeben müssen? Und welche Wahrheit müssen wir in Gott und in unserem Nächsten erkennen? ... Die Wahrheit, dass Gott uns unendlich liebt und uns im göttlichen Bild und Gleichnis erschaffen hat, damit wir sein eigenes ewiges Glück erhalten und erfahren mögen."[186]

Für Caterina ist die Grundlage jeglicher Gerechtigkeit diese Gerechtigkeit im inneren Kern der Person, dieses Leben nach Gottes Wahrheit in Beziehung zu sich selbst, zu Gott und zum Mitmenschen. Die Gerechtigkeit, die in einer Gesellschaft herrscht, entspricht im genau gleichen Maß der Gerechtigkeit in den Individuen, aus denen sich diese Gesellschaft zusammensetzt.

---

184 Vgl. Brief T 39, an Don Jacomo, einen Kartäuser von Pontignano, u.ö.
185 Gebet 9, 71f.
186 Brief T307, an eine Frau, die sich beklagt.

Jeder Person ein bestimmter Platz

Sicher war Caterina überzeugt von der grundsätzlichen Würde jeder Person als einer von Gott geliebten Kreatur, sie hatte aber auch die Ansichten ihrer Zeit hinsichtlich der Ungleichheit von Lebensumstand und Stellung als Erbe mitbekommen. Jede Person war in den Lebensumstand hineingeboren (oder von einer Autorität verwiesen), der Gottes Vorsehung entsprach. Aufgrund dieser Stellung erwuchsen gerechte Verpflichtungen zwischen den einzelnen Menschen. (Wir müssen hier besonders darauf achten, dass wir unsere eigenen Grundsätze nicht auf die Welt des Mittelalters übertragen, z.B. dass die grundlegende Gleichheit aller Menschen allen die gleichen Rechte verleiht.) Im Mittelalter beruhte das soziale Gleichgewicht auf einer gegenseitigen Abhängigkeit, in der einige zum Geben bestimmt waren, andere zum Empfangen, wobei vorausgesetzt wurde, das in der Gewichtung die spirituellen Güter einen genau so realen Wert besaßen wie die materiellen. So stellt Gott im *Dialog* einmal die Frage: „Hätte ich nicht jedem alles geben können? Selbstverständlich! Aber in meiner Vorsehung wollte ich euch voneinander abhängig machen, damit ihr gezwungen wäret, gleichermaßen in der Tat wie im Willen Nächstenliebe zu üben."[187] In ihrem oben zitierten Brief an die Regierenden in Florenz schreibt Caterina: „Gerechtigkeit ist die sanfte Tugend, welche uns Geschöpfe mit unserem Schöpfer versöhnt und einen Bürger mit dem anderen, denn sie fließt aus dem Quell der Nächstenliebe, aus der Kette aus Liebe und vollkommener Einheit, die wir zu Gott und unserem Nächsten geschmiedet haben."[188]

Für die jugendliche Caterina war die Gesellschaft lediglich ein Übel gewesen, vor dem sie sich flüchtete, um bei Gott zu sein.

187 Dialog 148, 311f.
188 Brief Gardner IV.

Nachdem sie aber einmal erkannt hatte, welch ein Irrtum solch eine abgesonderte Spiritualität war, und sicher seit der Zeit, da sie ihre Korrespondenz begann, sah sie die Einzelne bzw. den Einzelnen immer und ausschließlich im gesellschaftlichen Zusammenhang. In der Wahrheit können wir nicht Gott allein lieben. Es gibt kein persönliches Wohl ohne das Gemeinwohl. Aber hier müssen wir auch wieder beachten, dass sich für Caterina (wie für die gesamte mittelalterliche Welt) die Verantwortung für das Gemeinwohl und die Teilhabe daran immer nach der gesellschaftlichen Stellung richtet. Diese Auffassung wird in einem Brief an die Ältesten und Wappenträger von Bologna gut zusammengefasst:

> „Weil sie die Wahrheit verloren haben, kennen diese elenden weltlichen Personen die Wahrheit auch nicht – weder die Wahrheit über Gottes Heil noch die Wahrheit über sich selbst – nur damit sie an ihrer Vormachtstellung festhalten können. Hätten sie die Wahrheit nämlich erkannt, dann wüssten sie, das eine Machtposition und eine Stadt nur in Frieden fortbestehen können, wenn man in der Furcht Gottes lebt und die heilige Gerechtigkeit übt, mit der jedem das gegeben wird, was ihm zusteht: Barmherzigkeit denen erweisen, die ihrer bedürfen, nicht aus selbstsüchtiger Leidenschaft, sondern um der Wahrheit willen; denen, die es verdient haben, Gerechtigkeit widerfahren zu lassen, nicht aus leidenschaftlicher Rachsucht, sondern gepaart mit Barmherzigkeit, nicht nach dem Hörensagen, sondern in aufrichtiger und heiliger Gerechtigkeit. Sie müssen sich mehr um das Gemeinwohl kümmern als um das Wohl einzelner. Und die Ernennung von Beamten und solchen, die mit Regierungsaufgaben betraut werden, darf nicht von Parteilichkeit oder Schmeichelei oder Bestechung bestimmt werden, sondern muss sich allein

nach Tugend und angemessenen Fähigkeiten richten. Sie müssen reife und gute Personen wählen und nicht einfach Jünglinge; Menschen, die Gott fürchten und denen das Gemeinwohl am Herzen liegt, statt solcher, die nur auf ihr eigenes Wohl bedacht sind. Auf diese Weise werden sie die Stadt in Frieden und Einheit erhalten sowohl als auch ihre eigene Stellung."[189]

Ohne ein Verständnis von der Wahrheit über Gott und über sich selbst (dieselbe „Selbsterkenntnis", von der im ersten Kapitel die Rede ist) können die „elenden weltlichen Personen", von denen Caterina hier spricht, nicht erkennen, dass ihre Autorität von Gott bestimmt ist und im Licht der von Gott gewollten eigenen Stellung (als jemand mit Autorität) wie auch der Stellung der anderen (als der Autorität unterworfen) ausgeübt werden muss. Es richtet sich nach dem Gemeinwohl und nicht nach dem Wohl einzelner, in welchem Maß Gerechtigkeit und Barmherzigkeit ausgeübt werden müssen. Autorität soll auf der Grundlage von Reife, Tugend und Liebe für das Gemeinwohl delegiert werden.

Natürlich üben jene, die Autorität haben, über andere Macht aus. Aber – wie sie an Andrea Vanni schreibt, während er Hauptmann ist bei den Bürgern Sienas – diese Art der Macht darf nicht käuflich sein: „Gerechtigkeit ... verrät die Ehre oder das Leben eines anderen nicht um Geld, wie es jene tun, die im Unrecht leben. ... Nein, ein Gerechter wird die Gerechtigkeit um keinen Preis aufgeben, sondern ihr mit allen in seiner Macht stehenden Mitteln dienen, indem er in allem, was er tun muss, die Ehre Gottes sucht, das Heil der Seelen und das Gemeinwohl."[190]

Aber zu Caterinas Zeit *war* Macht käuflich und wurde vor allem in den Städten der Apenninen-Halbinsel auf allen möglichen

189 Brief T 268.

190 Brief T 358. Das ist derselbe Andrea Vanni, der später Caterinas Portrait auf die Wand der Kirche von San Domenico malen sollte.

Wegen erschlichen. Die Tage des Heiligen Römischen Herrschers und seiner Vasallen war vorbei, oder fast vorbei. Tausende, die von der Feudalherrschaft befreit waren oder vor der Leibeigenschaft auf der Flucht waren, strömten in die Städte, um dort als Freie zu leben. (Jeder Bürger, der nach einem Jahr und einem Tag nicht von seinem Feudalherrn als Eigentum zurückgefordert worden war, galt als Freier.) Die großen Städte wetteiferten darin, Kapital zu gewinnen, Kulturgüter, Handel und Einflussnahme. Jede wünschte sich Frieden, um den Wohlstand zu genießen, aber jede Bewegung stellte auch eine Herausforderung dar und die Notwendigkeit, sich vor Rivalen zu schützen. Oft hielt man gewählte Beamte für weniger zuverlässig und respektabel als Tyrannen, die sich etabliert hatten und wohlhabend geworden waren. Weder jene, die in der Unabhängigkeit aufgewachsen waren, noch solche, die sie gerade erst auch nur im geringsten Maße erworben hatten, setzten ihr Vertrauen auf einfache Bürger, die sich noch nicht bewährt hatten. Außerdem wurde oft in Frage gestellt, ob Gott einer Person wirklich Autorität verliehen hatte lediglich aufgrund einer Stimmenmehrheit (unter den privilegierten Bürgern), wenn keine traditionell sichtbaren Zeichen göttlicher Erwählung zu erkennen waren wie Wohlstand und edle Abstammung.[191]
Caterina besteht darauf, dass Autorität ebenso wenig als Privatbesitz betrachtet wie erkauft werden kann (gleich, ob jemand in sie hinein geboren oder gewählt worden ist oder sie mit Gewalt an sich gerissen hat.) Man beachte aber auch ihre Zustimmung zu „lokalen Gepflogenheiten oder Bräuchen", bei denen sie in ihrem eigenen Siena selbst schon Veränderungen erlebt hatte, wenn sie an die gewählten Verteidiger der Stadt schreibt:

> „Geliebte Brüder und derzeitige Herren in Christus, ...
> [Seid] mutige Regenten eurer eigenen Stadt [d.h. eurer

191 Vgl. Edmund Gardner, Italy. A Companion to Italien Studies, London 1934, 42ff.

selbst] wie der Stadt, die euch geliehen wurde [Siena]. Unter verliehener Autorität verstehe ich Autorität über Städte oder andere zeitweilige Autorität, die euch oder anderen weltlichen Leuten verliehen wurde. Sie wurde für eine bestimmte Zeit geliehen, nach dem Willen der göttlichen Güte und auch nach lokalen Gepflogenheiten und Bräuchen. Sowohl Leben als auch Tod können sie wieder nehmen. Sie sind jedenfalls nur geliehen. Wer sich selbst unter Kontrolle hat, wird sie in heiliger Gottesfurcht ausüben, in geordneter und nicht übermäßiger Liebe, als etwas, das ihnen nicht gehört, sondern nur geliehen wurde. Sie werden diese Leihgabe Autorität hüten in Furcht und Ehrfurcht vor jenem, der sie ihnen verliehen hat. Ihr habt diese Autorität von Gott allein, so werdet ihr einmal auf sein Verlangen zurückgeben können, was euch geliehen wurde, ohne den ewigen Tod fürchten zu müssen."[192]

Und an den französischen König Karl V, der unter ganz anderen „lokalen Bräuchen" regierte, schreibt sie: „Besitzt euer Königreich als etwas, das euch verliehen wurde, nicht als wäre es euer Eigentum. Denn ihr wisst gut, dass nichts – weder Leben noch Gesundheit, Reichtum, Ehre, Status oder Herrschaft – euch gehört. ... Darum bitte ich euch, weise zu handeln, als guter Verwalter, besitzt alles als Leihgabe, über die ihr als treuer Verwalter von Gott eingesetzt seid."[193]

In Caterinas Welt ist Gott die Quelle jeglicher Autorität. Selbst wenn eine Wahl stattgefunden hat, betrachtet sie die Autorität des Gewählten als von Gott verliehen, nicht vom Wähler. Dieser Überzeugung verleiht Caterina oft Nachdruck, indem sie in ihren Briefen auch Personen mit nur weltlicher Autorität als

192 Brief T123.
193 Brief T235.

ihre Väter, Mütter oder Vorgesetzte „in Christus“ anredet (wobei sie dieser Anrede manchmal „derzeitig“ hinzufügt, wie im Fall der oben erwähnten Verteidiger Sienas). So können wir also verstehen, warum Caterina Autorität einerseits mit solcher Hochachtung begegnet, sich andererseits aber auch nicht scheut, den Missbrauch von Autorität zu kritisieren, eine Kombination zweier Haltungen, die im heutigen Verständnis als widersprüchlich erscheinen könnte.

Persönliche Verantwortung und Autorität

Wenngleich Autorität direkt von Gott verliehen wird, ist es für Caterina doch ganz klar, dass Personen mit Autorität auf irgendeinem Gebiet persönlich Verantwortung und Rechenschaft über ihre Ausübung schulden (und zwar gegenüber Gott und nicht anderen Menschen). So rügt sie den französischen König Karl V., er „gebe vor, nicht zu sehen“, welchen Missbrauch seine untergeordneten Beamten mit ihrer Autorität trieben.[194] Und dem Papst sagt sie sogar, es wäre besser, er träte zurück, als seine Autorität nicht gut auszuüben.[195] Diese Verantwortung fängt an, indem das Regieren zunächst geübt wird, indem man sich selbst unter Kontrolle bekommt. Hier gebraucht Caterina öfter ein Bild, indem sie Parallelen zieht zwischen „der eigenen Stadt“, also der eigenen Person, und der äußeren Stadt (oder Republik), für die jemand verantwortlich ist.

> „Ich verlange danach, euch als wahre Herren mit mutigen Herzen zu sehen [schreibt sie bei einer Gelegenheit an die Verteidiger der Stadt Siena]. Das heißt, ich möchte, dass ihr über eure selbstsüchtige Sinnlichkeit

194 Ebd.
195 Brief T255.

> herrscht, wahrhaft und stark seid in der Tugend, Nachfolger eures Schöpfers. Sonst könnt ihr die zeitweilige Herrschaft, die Gott euch in seiner Gnade verliehen hat, nicht in Gerechtigkeit ausüben. Wer andere leitet und regiert, muss zuerst sich selbst leiten und regieren. Wie könnten Blinde sehen, wohin sie andere führen müssen? Wie könnten die Toten Tote begraben, die Kranken sich um Kranke kümmern, die Armen den Armen helfen? Unmöglich!"[196]

Und an Andrea Vanni schreibt sie: „Wenn ihr euch selbst regiert, werdet ihr andere auf gleiche Weise regieren, denn ihr liebt die anderen mit derselben Liebe, mit der ihr euch selbst liebt. Genau wie eine vollkommene Gottesliebe Ursprung vollkommener Nächstenliebe ist, so werdet ihr eure Untertanen so gut regieren, wie ihr euch selbst regiert."[197]
In der Ausübung von Autorität, wie im Leben überhaupt, sind wir letztlich verantwortlich gegenüber der in Liebe gelebten Wahrheit. Was immer der Wahrheit und der Liebe widerspricht, oder jeder Wert, der über Wahrheit und Liebe gestellt würde, ist Autoritätsmissbrauch: Sorge um menschliche Zustimmung oder Ablehnung; Anfälligkeit für Bestechung, Schmeichelei oder Furcht vor Einschüchterungsversuchen; Handeln aus Gewinnsucht oder persönlichem Rachegefühl; Rechtsverdrehung, indem man die Unschuldigen bestraft und die Schuldigen unbehelligt lässt; „Blindheit aus Bequemlichkeit", mit der man einer Verantwortung aus dem Weg geht; Verrat an der Ehre oder dem Recht eines anderen; Rechtsvermeidung zum Schutz der eigenen Stellung.

---

196 Brief T121. Man beachte, wie sie den Text Lk 6,39 oder Mt 15,14 mit Mt 8,22 kombiniert, die in unterschiedlichsten Kontexten stehen, und dann die Metaphern auslegt, um die Sorge der Kranken für die Kranke und der Armen für die Armen hinzuzufügen.

197 Brief T358.

> „Der [Beamte], der nur sich selbst sieht, lebt in mangelnder Gottesfurcht und übt nicht Gerechtigkeit. Vielmehr widerspricht er ihr und verübt viele Ungerechtigkeiten. Er lässt sich verderben von menschlicher Schmeichelei, manchmal durch Bestechung, und manchmal um jenen zu gefallen, die ihn um eine unrechte Gefälligkeit bitten. Er wird manchmal Leute freisprechen und ihnen Strafen erlassen für begangenes Unrecht, wofür sie eigentlich den Arm des Gesetzes spüren müssten. Das ist Unrecht, und so ein Mensch verdient selbst die Strafe, die er eigentlich denen zugesprochen haben sollte, die er für Geld freiließ."[198]

An anderer Stelle schreibt sie an dieselben Verteidiger Sienas: Ungerechte Beamte „richten nicht nach der Wahrheit, sondern nach dem, was andere wünschen."[199]
„Ich habe es oft erlebt und erlebe noch heute, dass eine Schuld gestraft wird, wo gar keine Schuld besteht, während jene, die böse und schlecht sind und tausendmal den Tod verdient hätten, unbehelligt bleiben. Uneinsichtigkeit erlaubt keine Unterscheidung der Geister hinsichtlich der Wahrheit und lässt Gerüchte gelten, wo gar keine sind."[200]
„O Blindheit der selbstsüchtigen Liebe! O unbegründete Furcht! Ihr werdet so blind, dass ihr nicht nur einfache Leute zusammen mit den Übeltätern verurteilt (die zu Recht verurteilt werden und deren Verrat gefährlich ist), sondern ihr gebt eurer Furcht vor den Übeltätern nach und verurteilt die Gerechten."[201]

198 Brief T367, an die Verteidiger Sienas.
199 Brief T123.
200 Brief T121, an die Verteidiger Sienas.
201 Brief T123, an die Verteidiger Sienas.

Gerechtigkeit und die Armen

Im 14. Jahrhundert genau wie heute, und meist auch aus den gleichen Gründen, wurden die Armen viel leichter Opfer der Ungerechtigkeit von Seiten der Autoritäten als die Reichen. Wo sie solchen Missbrauch von Autorität in ihren Schriften anspricht, versucht Caterina nicht, ihrem Ärger ein diplomatisches Mäntelchen umzuhängen. Die Armen haben genau so viel Recht wie die Reichen, die Geringen so viel wie die Bedeutenden.[202] Sowohl gegenüber dem französischen König Karl V.[203] als auch gegenüber römischen Beamten[204] oder an anderer Stelle klagt sie jene an, die den Armen bei der Rechtsprechung ihr Recht vorenthalten. Es lohnt sich, einige dieser Passagen in voller Länge zu zitieren:

> „Oft sehen wir, wie [diese grausamen Menschen] ‚Recht' sprechen. Nur ist ‚Recht' für die Armen meist Unrecht. Aber für die Großen? O nein, denen können sie nichts anhaben!"[205]
>
> „Die Armen, deren Vergehen nicht ein Tausendstel so schwer sind [als die der Reichen], werden gnadenlos bestraft. Der Elende, dem die Regierung der Stadt anvertraut wurde (und der sich nicht einmal selbst regieren kann!), verschließt die Augen, wenn arme Männer und Frauen [n.B. sie benennt ausdrücklich beide!] beraubt werden – und geht darin sogar so weit, dass er den bestraft, der im Recht ist, und den Verbrecher freispricht."[206]
>
> „Lasst jedem Gerechtigkeit widerfahren, tut das Richti-

202 Brief Gardner IV, an die Beamten in Florenz.
203 Brief T235.
204 Brief T349.
205 Brief T338, an Andrea Cavalcabuoi, Senator in Siena.
206 Brief T367, an die Verteidiger Sienas.

ge für jeden, Kleine wie Große, Arme wie Reiche. Lasst eure Gerechtigkeit nicht durch Schmeichelei oder Drohung beeinträchtigen, durch Beifall oder Ablehnung, sondern haltet die Waage in Ordnung, mit der ihr jedem zumesst, was ihm zusteht."[207]

„Wo sie das Feuer der göttlichen Liebe anwenden sollten, um eine Missetat mit heiliger Korrektur und Strafe zu verbrennen und eine Strafe in heiliger Gerechtigkeit zu verhängen, da schmeicheln sie und geben vor, nicht zu sehen. Das ist [jedenfalls], wie sie jene behandeln, von denen sie meinen, sie könnten ihrer Stellung schaden. Wenn sie es aber mit Armen zu tun haben, mit jenen, die nichts gelten und von denen sie nichts befürchten müssen, dann legen sie einen außerordentlichen Eifer für die Gerechtigkeit an den Tag und verhängen gnadenlos die schwersten Strafen für die geringsten Vergehen. Und was ist der Grund für eine solch große Ungerechtigkeit? Ihre selbstsüchtige Eigenliebe."[208]

Gerechtigkeit und Barmherzigkeit

Genauso, wie beim Geheimnis der Erlösung die Gerechtigkeit Gottes durch seine Barmherzigkeit abgemildert ist, so sollte auch die menschliche Gerechtigkeit mit Barmherzigkeit gepaart sein, indem sie keinem Menschen größere Lasten auferlegt, als er zu tragen vermag.[209] Tatsächlich wäre Gerechtigkeit ohne Barmherzigkeit „mit der Finsternis der Grausamkeit verbunden und wäre daher eher Ungerechtigkeit als Gerechtigkeit."[210]

207 Brief T357, an den König von Ungarn.
208 Brief T268, an die Ältesten und Wappenträger in Bologna.
209 Brief T284, an Kardinal Pedro di Luna.
210 Brief T291, an Papst Urban VI.

Und doch war das Mittelalter eine gewalttätige Zeit – auch im öffentlichen Leben. Folter und Enthauptung, selbst für in unseren Augen heute relativ geringe Vergehen, waren sowohl im Zivilrecht als in der kirchlichen Rechtsprechung an der Tagesordnung. Wie alle Bürger in den mittelalterlichen Städten war Caterina Augenzeugin dieser Bestrafungen auf öffentlichen Straßen und Plätzen. Bestrafung durch rechtmäßige Autorität galt als Handeln Gottes.[211] Es war ja weit besser, endliche Schmerzen zu erleiden, als unendliche Pein in der Ewigkeit! So wäre Barmherzigkeit ohne Gerechtigkeit

> „wie Öl auf eine Wunde, die durch Feuer gereinigt werden müsste. Wenn Öl auf eine verschmutzte Wunde gegossen wird, dann wird sie eitern statt zu heilen. Aber wenn die beiden [Gerechtigkeit und Barmherzigkeit] zusammenkommen, sind sie lebensspendend für den Vorgesetzten, in dem sie glänzen, und heilsam für den Untergebenen – es sei denn, dieser gehöre schon dem Teufel an und könnte unter keinen Umständen mehr gebessert werden. Aber selbst wenn der Untergebene tausendmal unverbesserlich wäre, so darf der Vorgesetzte doch nicht aufhören zu korrigieren; durch die Unverbesserlichkeit des Übeltäters wird seine eigene Tugend nicht gemindert."[212]

So galt Strafe also, außer der Wiedergutmachung, als Korrektur (und damit letztlich dem Wohl) des Übeltäters und der Befriedung seiner Opfer. Caterina hatte einmal Kenntnis davon erhalten, dass ein gewisser junger Mann die Nonnen im Kloster San Michelangelo da Vico in der Nähe von Siena quälte, „sogar in

211 Brief T235, an den französischen König Karl V.: „Sorgt dafür, dass alles Unrecht in eurem Königreich bestraft und jede Tugend belohnt wird. Denn all dies ist das Werk der göttlichen Gerechtigkeit."

212 Brief T291, an Papst Urban VI.

das Kloster eindrang, wann es ihm gefiel, indem er ein Fenster zerstörte. Wenn sich ihm eine Nonne widersetzte, drohte er damit, das Kloster anzuzünden und sie darin zu verbrennen, wie mir gesagt wurde". Sie fleht den Senator an, „alles in eurer Macht stehende zu tun, damit diese Gräuel ein Ende nehmen. Ich möchte aber nicht, dass der junge Mann sein Leben verliert, obgleich jede andere Bestrafung mir Erleichterung verschaffen würde."[213]

Obwohl Caterina in diesem Fall lieber keine Todesstrafe wollte (wo doch die Nonnen wahrscheinlich auch vergewaltigt wurden), so lehnte sie diese doch in anderen Fällen nicht ab. Wenngleich dem Verbrecher die Todesstrafe in diesem Leben keinen Nutzen mehr bringen konnte, so diente sie anderen doch als Abschreckung. Und wo es um Vergehen direkt gegen Gottes Ehre ging, zeigte sie sich offen dafür: „Räuber kommen, um Gottes Ehre zu rauben, und [unwürdige Kleriker] geben sie ihnen – ach – und sie werden nicht zur Abschreckung an den Galgen gehängt!"[214] Ach ja! Und dieses Argument hören wir noch heute.

Zusammenfassung

Wie in vielen anderen ihrer Ansichten, Haltungen und Überzeugungen war Caterina sicherlich ein Kind ihrer Zeit, genau wie wir heute Kinder unserer Zeit sind. Daraus können wir ihr keinen Vorwurf machen. Wir dürfen ihr dankbar sein für die klare Sicht, mit der sie in gewisser Weise über diese Ansichten, Haltungen und Überzeugungen hinauswuchs in ihrer unerschütterlichen Logik bezüglich ihrer tiefsten Grundüberzeugung von der zentralen Stellung und absoluten Bedeutung der Wahrheit und der Liebe.

---

213 Brief T170, an Senator Pietro di Monte Santa Maria von Siena.

214 Brief T88, an Bischof Angelo Ricasoli.

Caterina war keine Politikerin. Wir konnten sogar sehen, dass ihr Mangel an politischer Spitzfindigkeit ihr manchmal hinderlich war, besonders wenn sie ihren Lehrmeister Raimondo da Capua nicht um sich hatte. Aber Caterina tat ihr Bestes, wie nur je eine Frau ohne formelle Bildung es konnte. Sie suchte Rat bei jenen, die mehr Erfahrung hatten, und nahm ihn ernst, wenngleich sie kritisch blieb und ihr für sie zentrales religiöses Apostolat nie kompromittierte. Über die Probleme, mit denen sie konfrontiert wurde, reflektierte sie offensichtlich tief im Licht ihrer Überzeugungen aus dem Evangelium und ihrer theologischen Bildung. Meist hatte sie genug Erkenntnis, um sich aus der direkten Verwicklung in Angelegenheiten zurückzuziehen, die in religiöser Beziehung nicht mehr vertretbar waren, wie einige Male in ihren Verhandlungen mit den Machthabern in Florenz. Aber sie versagte niemals ihr Interesse, ihr Gebet oder ihre Bereitschaft, sogar ihr Leben aufs Spiel zu setzen für eine Sache, an die sie glaubte. Vielleicht genügt das als Inspiration, die sie für uns erbitten möge. Wenn wir mit unseren heutigen ein wenig tieferen Erkenntnissen in Angelegenheiten sozialer Gerechtigkeit so viel leisten könnten wie Caterina, wäre das wirklich sehr viel.

7. Caterina und ökonomische Realitäten

Die heutigen Fragen ökonomischer Gerechtigkeit haben mich dazu veranlasst, bei meiner Analyse und Übersetzung von Texten Caterinas nachzuforschen, wie sie zu den drängenden ökonomischen Problemen des späten 14. Jahrhunderts stand. Diese Nachforschungen sind noch nicht sehr weit gediehen, aber ich biete hier einige Anfänge an. Für Texte zu diesem Thema gibt es im Hinblick auf Caterina mehrere Quellen: zeitgenössische Berichte über ihr Leben (die *legendae* und Zeugnisse, die in Vorbereitung auf ihre Heiligsprechung abgegeben wurden), einige wenige noch erhaltene Briefe ihrer Anhänger, Hinweise in zeitgenössischen Chroniken und ihre eigenen Schriften: der *Dialog*, ihre Briefe und Gebete.

Die *legendae* und andere Zeugnisse zur Heiligsprechung müssen natürlich als die Art von Texten genommen werden, die sie sind. Das ist eine grundlegende Arbeit, in der noch nicht viel getan wurde. Denn bisher hat praktisch jeder Autor, der über Caterina schrieb, diese Texte entweder wörtlich genommen oder sie im Gegenteil gänzlich außer Acht gelassen, da sie ausdrücklich im Hinblick auf das Übernatürliche verfasst wurden. Hinweise von Chronisten sind neutraler, davon gibt es aber nur sehr wenige. Die meisten, sehr schlichten Gedanken zu diesem Thema finden sich in Caterinas eigenen Schriften und in Briefen ihrer Anhänger. Sie zeigen keinerlei Bemühungen um Sachkunde, auch da nicht, wo sie später überarbeitet wurden (was meiner Meinung nach nur selten der Fall war). So habe ich die meisten Hinweise aus diesen Schriften bezogen, indem ich alle ökonomischen Inhalte und die sich darauf beziehenden Hinweise aussortierte. Ich unternehme hier den Versuch, diese Quellen in einem umfassenderen historischen Zusammenhang zu interpretieren, zusammen mit dem, was wir aus allen zeitgenössischen Quellen über Caterinas Lebensumstände wissen.

Über Caterinas sozialen und ökonomischen Hintergrund wissen wir eine ganze Menge. Ihr Vater, Jacopo di Benincasa, war ein Wollfärber. Er hatte ein großes Haus gemietet, in dem er mit seiner Familie wohnte und die Färberei betrieb. Er war der Meister und arbeitete mit einer Reihe von Lehrlingen zusammen. Das Geschäft scheint bis kurz nach seinem Tod im Jahr 1368 gut gegangen zu sein.[215] Solange Jacopo lebte, war die Familie relativ wohlhabend und gehörte zu jener Gruppe von Handwerkern, die Kapital in ihrem Betrieb angelegt hatten und den Lebensunterhalt ihrer Angestellten sicherten. Er gehörte zudem zum Senat Ältesten der Stadt, dem *populo minuto*, d.h. zu den *Monte de Dodici*, die während einiger Zeit in Caterinas Jugendjahren in Siena regierten.
Nachdem die Wollarbeiter und Wollkämmer eine Rebellion gegen die *Dodici* geführt hatten, wurden diese im Jahr 1371 abgesetzt. Obwohl es Caterina zu verdanken ist, dass ihre Brüder während der Rebellion am Leben blieben, indem sie im Hospital von La Scala Unterschlupf fanden, wo sie damals arme Kranke pflegte, verließen ihre Brüder nach dem Aufstand Siena und gingen nach Florenz, weil sie durch die Revolte Macht und Besitz verloren hatten. Caterina und ihre Mutter Lapa, zu dieser Zeit beide Mantellatinnen (Tertiarinnen), erhielten damals anscheinend Unterkunft bei einer anderen Mantellatin, bei Caterinas Freundin Alessa dei Saracini, einer reichen vornehmen Witwe.[216]

215 Der Mangel an gutem Wasser in Siena war der Grund dafür, dass die Verarbeitung von Textilindustrie hier nicht in dem Maß gedeihen konnte wie z.B. in Florenz. Vgl. Giuliano Pinto, Ehre und Profit. Grundbesitz und Handel im mittelalterlichen Siena", in: Trevor Dean / Chris Wickham (Hrsg.), Stadt und Land im späten Mittelalter und in der Renaissance in Italien, London u.a. 1990, 84. Während die Wollindustrie in Siena aufgrund der Pest im Jahr 1348 zeitweilig eingestellt wurde, stand sie in den 1350er Jahren wieder voll in Blüte. Vgl. William M. Bowsky, Die Auswirkungen der Pest auf Regierung und Gesellschaft in Siena, in: *Speculum* 39 (1964), 1-34.

216 Es ist nicht bekannt, ob Lapa beim Tod Jacopos etwas geerbt hatte oder ob die Söhne das Familienerbe erhielten und damit die Verpflichtung übernahmen, für ihre Mutter, für Caterina und andere Minderjährige im Haushalt zu sorgen. Als die Brüder nach Florenz gingen, scheinen sie mittellos gewesen zu sein. Hierzu finden wir einen Hinweis in Caterinas Brief T18, an ihren Bruder Benincasa, in

Wahrscheinlich wohnte Caterina seitdem immer bei Alessa, wenn sie sich in Siena aufhielt. Auch andernorts wohnte sie bei wohlhabenden und einflussreichen Freunden, wie z.B. bei den Buonconti in Pisa, den Canigiani in Florenz (zeitweilig sogar in einem Haus, das extra für sie gebaut worden war), bei Orietta Scotti in Genua und den Salimbeni in Val d'Orcia. In Avignon war sie in einem Quartier untergebracht, das Papst Gregor IX. ihr zur Verfügung gestellt hatte. Nur während der letzten Monate in Rom wohnte Caterina zusammen mit ihren Anhängern in Unterkünften, die gemietet waren (wobei die Miete offenbar teilweise von den Wohlhabenderen unter ihrer Gefolgschaft bezahlt und teilweise erbettelt wurde), oder aber in einem Quartier, das ihr von einem Bewunderer überlassen worden war.
Caterina entstammte also der wohlhabenden und politisch einflussreichen Schicht Sienas, wobei deren politische Macht zeitweise verloren ging. Obwohl sie persönlich wohl nichts besaß außer den Kleidern, die sie am Leibe trug, hatte sie Umgang mit und wurde unterhalten von wohlhabenden Freunden und Anhängern, die politischen Einfluss besaßen, auch wenn er für sie zeitweise verloren ging. Zugleich identifizierte sie sich mit den höchsten Moralvorstellungen des Evangeliums, wie sie von der Kirche ihrer Zeit verkündet wurden, und die sie gelernt hatte. So wäre es nicht überraschend, wenn wir in ihrem Verhalten wie in ihren Schriften beide dieser Welten gespiegelt fänden – wohlhabende Gesellschaft und Moral predigende Kirche.
Wie bringt Caterina nun diese beiden unterschiedlichen Größen zusammen? Und – heldenhaft wie sie nun einmal ist – kann sie die Spannungen zwischen diesen in ihren Anschauungen überwinden, besonders unter der Rücksicht ihrer ökonomischen Realitäten?

---

dem sie schreibt: „Ich habe beobachtet, wie du deiner Mutter gegenüber immer weniger Interesse gezeigt hast und ihr nicht die Hilfe zukommen ließest, die du ihr schuldest (da du selbst mittellos bist, könnte ich das als Entschuldigung gelten lassen) – aber selbst wenn du die Mittel hättest, bin ich mir nicht sicher, dass du ihr helfen würdest, denn du hast fast keinen Kontakt zu ihr gepflegt!"

Zunächst möchte ich drei Aspekte der Frage untersuchen, die sich auf das Verständnis von Reichtum und wirtschaftlicher Ethik im später 14. Jahrhundert beziehen, so wie sie aus Caterinas Leben und Schriften zu erkennen sind. Denn es ist grundlegend, dass wir Einblick in diese Fragen haben, wenn wir die größeren ökonomischen Anliegen verstehen wollen, die Caterinas Theologie und Spiritualität enger berühren. Die Themen, mit denen wir uns befassen müssen, sind also Arbeitslohn und Profit, (Zins-)Wucher und Steuern. Danach werden wir uns den Fragen von Reichtum und Armut zuwenden und letztlich einem Thema, das in Caterinas persönlicher Theologie und Spiritualität eine zentrale Stellung einnimmt: die freiwillige Armut.

Arbeitslohn und Profit

Seit ungefähr der Mitte des 11. Jahrhunderts hatte sich in Europa eine Profitwirtschaft entwickelt.[217] Das Siena Caterinas war sogar ein Zentrum des Bankwesens und des Handels, hatte aber kurz vor Caterinas Geburt wieder etwas an Bedeutung verloren. Ihr Vater war ein nicht unbedeutender Arbeitgeber und sie selbst erlebte mindestens einen gewaltsamen Aufstand der Arbeiter gegen die wirtschaftlich einflussreiche und regierende Klasse. Menschen strebten nach finanziellen Gewinnen – auch kirchliche Amtsinhaber, indem sie profitable Preise festlegten und Arbeitslöhne verlangten, die der Qualität der Arbeit und den geleisteten Arbeitsstunden gerecht wurden, um ihre wirtschaftliche Lage zu verbessern. Die Scholastiker als akademische Theologen hatten im Jahrhundert zuvor über die Ethik dieser umstrittenen wirtschaftlichen Fragen debattiert und waren zu dem Ergebnis gekommen, dass viele der sich entwickeln-

217 Vgl. Lester K. Little, Religious Poverty and the Profit Economy in Medieval Europe, New York 1978, 18.

den Praktiken moralisch vertretbar seien. Die offizielle Kirche allerdings, die im vorausgegangenen Jahrhundert kreativ auf die sozialen Bedingungen und die daraus entstehenden Debatten reagiert hatte, war zur Zeit Caterinas – in ihrer Verkündigung, wenn auch nicht in der Praxis – wieder zu einer Ethik zurückgekehrt, die sich auf frühere, strengere Grundsätze berief statt auf die scholastischen Argumente, bei denen Erfahrung mit Logik und Glaubenstradition verbunden war.

Zur Zeit Caterinas hatten die Scholastiker bereits ein solides Fundament für eine neue Wirtschaftsethik gelegt, das der Realität der städtischen Gesellschaft gerecht wurde. Caterina war Mitglied des Dominikanerordens und es waren Dominikaner und Franziskaner, aus deren Kreisen die Scholastiker hervorgegangen waren. Welche Traditionen spiegeln sich nun in Caterinas Leben und in ihren Schriften: die der Scholastiker oder die der neuen Konservativen?

Einige der Arbeiter und Lehrlinge, die im Jahr 1371 revoltierten, hatten ihre Anstellung wahrscheinlich noch von Caterinas Vater erhalten oder wurden u. U. später von den Söhnen Jacopo Benincasas eingestellt. Wir wissen nicht, wie Jacopo über die Entlohnung von Arbeitern dachte. Aber sicher kalkulierte er bei seinen Geschäften so, dass ein Gewinn für ihn heraussprang, so wie es alle Handwerker in jener Zeit taten. Hat die Haltung Jacopos in diesen Fragen das Denken seiner Tochter beeinflusst? Im Hinblick auf Entlohnung finden wir in ihren Schriften nur Hinweise in der Übertragung auf die spirituelle Ebene. Caterina vertritt hier die Meinung, dass es lobenswerter sei, Gott aus Liebe zu dienen und sich dabei auf die göttliche Liebe und Vorsehung zu verlassen, die uns alles geben wird, was wir brauchen (unsere geistliche Nahrung). *„Die Liebe sucht nicht das ihre. Darum feilscht sie nicht in ihrem Dienst; sie dient aus Liebe und nicht, weil sie eine Belohnung erwartet.“*[218]

218 Brief T352, an Lariella Caracciolo.

Für Caterina ist das Wort *mercennaio* als Ausdruck, der sich auf Bezahlung oder Lohn bezieht, immer ein negativer Begriff. Der *„gute und getreue"* Knecht arbeitet nicht für Bezahlung oder Lohn, sondern aus Liebe. Wenn wir Gott als *„Lohnarbeiter"* dienen, wird er uns zwar einen gerechten Lohn zahlen, aber unsere Beziehung zu Gott wird nie wie die des Arbeitgebers zu seinen Arbeitnehmern sein. Caterina sieht Gott als den gütigen Meister, der lieber in Großherzigkeit vergilt als in sturer Gerechtigkeit. Könnte sich Caterina wünschen, dass auch ein menschlicher Arbeitgeber diesem Ideal entspricht? Wir haben keinen Hinweis darauf, ob sie diese Frage bejaht oder verneint hat. Aber es ist sicher von Bedeutung, dass unsere Beziehung zu Gott ihrer Meinung nach weit weniger vollkommen ist, wenn wir wie ein Diener eine Entlohnung erwarten, als wenn wir dem Ideal einer Beziehung zu Gott entsprechen, das die eines Freundes oder eines Sohnes bzw. einer Tochter ist, die allein aus Liebe und Pflichterfüllung dienen.

Wie denkt Caterina über Profit? In einem Brief an ihre Mutter erwähnt sie, ohne jeden Unterton einer Verurteilung, dass ihre Brüder die Heimat verlassen haben, *„um Wohlstand zu erwerben."*[219] Was sie verurteilt, ist das Streben nach Gewinn auf Kosten anderer: Gute Menschen „verüben kein Unrecht, indem sie ihrem Nächsten Schaden zufügen, um für sich selbst Ansehen, Wohlstand oder weltliche Genüsse zu gewinnen."[220] Caterina sagt, dass die Ungerechten „ihren Nächsten durch unrechten Gewinn zermalmen."[221] Statt den Armen zu helfen häufen solche Leute ihrer Meinung nach „großen ungerechten Gewinn an, für den wir einmal in der Todesstunde Rechenschaft ablegen müssen."[222] Nach der Meinung der Scholastiker war jeder Profit ein Unrecht, selbst wenn er unter ob-

219 Brief T240: „Ich erinnere mich, wie froh du warst, als deine Söhne von daheim fortgegangen sind, um zeitliche Güter zu erwerben."

220 Brief T372, an Carlo della Pace.

221 Brief T367, an die Verteidiger von Siena.

222 Brief T349, an die Beamten der Republik Rom.

jektiv gerechten Umständen gewonnen wurde, falls er nicht dem Lebensunterhalt diente, sondern als Wert in sich gesucht wurde. Reichtum um des Reichtums willen zu suchen war Habgier, und Habgier, verstanden als Streben nach einer besseren Stellung im Leben als der, in die man nach Gottes Vorsehung hineingeboren worden war, galt als eine Art des Stolzes. In der Praxis musste das alles zu einer erheblichen Ambivalenz führen!

Auf der geistlichen Ebene gab es für Caterina keine solche Ambivalenz. Das Gleichnis vom Diener, der das Geld seines Meisters gewinnbringend anlegt, war vom zwölften Jahrhundert an als positives geistliches Bild gebraucht worden und wurde auch dann so ausgelegt, als die Kirche schon wieder dazu zurückgekehrt war, materielle Güter und Dienste im Einklang mit dem Matthäusevangelium zu beurteilen[223]: „Umsonst habt ihr empfangen, umsonst sollt ihr geben“ (Mt 10,8).

> „Hier will der gute Sohn, der in die Welt ausgesandt wird, dem Vorbild seines Vaters folgen, der ihm den Schatz des freien Willens anvertraut hat, mit dem er – so wie mit der Ware, mit der er handelt –, nach eigenem Gutdünken Gewinn oder Verlust machen kann.“[224]
> „O wie töricht und dumm ist der Kaufmann, dem der Schatz gegeben wurde, damit er ihn gewinnbringend anlege, und der ihn aus Furcht vor Bestrafung vergräbt ... Wir sind diese Kaufleute, uns wurde der Schatz der Zeit und des freien Willens anvertraut, ... mit dem wir entweder Gewinn oder Verlust machen können.“[225]

---

223 Diana M. Webb, A Saint and his Money. Perceptions of Urban Wealth in the Lives of Italien Saints, in: W.J. Sheils / Diana Wood (Eds.), Church and the Wealth (Studies in Church History vol. 24), London 61.

224 Brief T131, an Niccolò Soderini.

225 Brief T314, an Costanza Soderini.

Vielleicht hat Caterina von ihrem Vater ein gewisses Maß an Misstrauen und Widerstand jenen gegenüber geerbt, die einen der Qualität und dem Zeitaufwand ihrer Arbeit entsprechenden Lohn verlangten, der ihre wirtschaftliche Situation verbessern helfen konnte, und die dafür sogar einen Aufstand anzettelten. Sicher scheint sie von dem damals bereits überholten religiösen Vorurteil gegen gerechte Entlohnung beeinflusst gewesen zu sein, trotz der Position, die ihr Orden in der Debatte über dieses Vorurteil eingenommen hatte. Was aber den Gewinn anbelangte, war ihre Interpretation der traditionellen Haltung anscheinend doch von einer positiveren Einstellung gefärbt, ob sie jetzt von den Scholastikern stammte oder von ihrem Vater.
Angesichts der offensichtlichen Differenz in Caterinas Haltung zu diesen beiden Fragestellungen, die wohl aus der Nähe Caterinas zu ihrem Vater herrührte, sowie angesichts der Tatsache, dass sich bei den Dominikanern in Siena scholastisches Denken nur sehr langsam durchsetzte, tendiere ich dazu, hier den Einfluss ihres Vaters und den der sozioökonomischen Schichtzugehörigkeit ihrer Familie stärker zu gewichten als den des scholastischen Umfelds, mit dem sie erst als Dominikaner-Terziarin in Berührung gekommen war.

Wucher

Das ethische Prinzip bezüglich Wucher wurde am Ende des 12. Jahrhunderts mit Lk 6,35 begründet: „Ihr aber sollt ... leihen, auch wo ihr nichts dafür erhoffen könnt“, wie zu jener Zeit Papst Urban III. sagte Die frühen Scholastiker erweiterten diese Begründung durch das Naturrecht und erörterten, welche negativen Folgen Wucher für die Gesellschaft hätte. Thomas von Aquin verurteilte den Wucher und argumentierte, dass derjeni-

ge[226], der sowohl Geld als auch seinen Gebrauch verleiht, entweder etwas verkauft, was nicht existiert (nämlich den Gebrauch des Geldes, als ob es diesen getrennt vom Geld gäbe), oder dasselbe zweimal verkauft. Aber obgleich es von der Kirche als unmoralisch beurteilt wurde, für das Ausleihen von Geld mehr zu nehmen als den geliehenen Betrag, solange er zu einem vereinbarten Zeitpunkt zurückerstattete wurde, war Wucher in der Praxis auch unter Christen weit verbreitet. Dem trugen die späten Scholastiker Rechnung, indem sie argumentierten, dass es sich bei Zinsen um einen Zwischenbetrag handelt, der zwischen der konkreten Position des Verleihers besteht und jener, die er gehabt hätte, hätte er nichts verliehen. Die Möglichkeiten für solchen Zins wurden zwar als Ausnahmen zum grundsätzlichen Verbot des Wuchers betrachtet, aber sie erweiterten die erlaubten Handlungsmöglichkeiten über die einfache Strafsumme hinaus, die fällig wurde, wenn das geliehene Geld nicht fristgemäß zurückbezahlt wurde. Im 13. Jahrhundert war das Kirchenrecht an die scholastischen Ansichten angepasst worden, im 14. Jahrhundert wurde jedoch das alte Verbot wieder häufiger gepredigt als die neuen Erkenntnisse.
Wie aus Caterinas Schriften hervorgeht, hatte sie das alte, grundsätzliche Verbot mit der Begründung verinnerlicht, das ein Wucherer mit Zeit handelt, die aber Gott allein gehört. Die Haltung ihrer scholastischen Dominikanerbrüder scheint ihr gänzlich unbekannt gewesen zu sein. Im *Dialog* wendet sie sogar dasselbe Prinzip an für Wucher wie für die Bezahlung der Dienste eines Klerikers:

> „Es gibt viele Elende, die Wucher treiben, was ich [Gott] verboten habe.“[227]
> „Manche [Kleriker] leihen sogar um Wucherzins aus.

226 Da nur Männer solchen Handel trieben, ist der Gebrauch der männlichen Pronomina gerechtfertigt.

227 Dialog 124.

Nicht dass sie einen Handel eröffneten wie die öffentlichen Wucherer, sondern sie haben allerlei spitzfindige Methoden, mit denen sie ihrem Nächsten ihre Zeit verkaufen, um ihre eigene Habgier zu befriedigen. Das ist durch nichts auf der Welt zu rechtfertigen ... Wenn sie das tun, um Lohn für den Dienst zu erhalten, der darin besteht, dass sie eins ihrer Güter verliehen haben, dann ist das genauso Wucher, als wenn sie sich die Zeit bezahlen lassen, für die sie etwas ausgeliehen haben. Ich [Gott] habe diese Elenden dazu bestellt, den Laien die Praxis des Wuchers zu verbieten, und nun tun sie genau dasselbe und Schlimmeres."[228]

Aber auch hier wird wieder das, was auf der irdischen materiellen Ebene böse ist, auf der spirituellen Ebene zu einem positiven Gleichnis, und das vielleicht auch wieder nur, weil das Gleichnis von den Talenten geistlich ausgelegt wird: „Die göttliche Liebe ist immer am Werk, sie wird nie müde. Das ist wie beim Geldverleiher, der zu jeder Zeit Profit macht: wenn er schläft, macht er Profit; wenn er isst, macht er Profit. Gleich was er tut, er macht immer Profit; er verschwendet keine Zeit. Und es ist nicht, dass der Geldverleiher arbeitet; es ist sein Vermögen, das arbeitet, die Zeit."[229] Hier erinnert Caterinas Denken stark an einen Text von Giordano da Pisa, der den Wucher streng verurteilt, dann aber mit den gleichen Worten das Handeln des Wucherers als Gleichnis für Maria gebraucht – ohne jeglichen negativen Unterton.

228 Dialog 127. „Öffentliche Wucherer" (*usuarii manifesti*) waren Pfandleiher, „die sich öffentlich als Wucherer betätigten und dafür die Erlaubnis des Magistrats oder sogar die der Kirche hatten und deren Geschäfte registriert waren." John Thomas Gilchrist, The Church and Economic Activity in the Middle Ages, London – New York 1969.

229 Brief T230, an Giovanna di Capo und Francesca Gori.

Steuern

Caterina äußert sich nicht zu staatlichen Steuern, die im zivilem Bereich erhoben wurden. Zu der Zeit aber, da sie zwischen dem Papst in Avignon und der Stadt Florenz vermittelte, war sie mit staatlichen Steuern im kirchlichen Bereich befasst.
Das dritte Laterankonzil hatte 1179 erlaubt, Kleriker staatlich zu besteuern, vorausgesetzt, der Ortsbischof stimmte in einem konkreten Fall zu. Im späten 13. Jahrhundert hatte jedoch Philipp der Schöne ohne päpstliche Zustimmung Steuern auf die Einkommen von Klerikern erhoben. 1296 reagierte Bonifaz VIII. in seiner Bulle *Clericos laicos* darauf, indem er Klerikern untersagte, einer zivilen Behörde Steuern zu zahlen. Als die französische Finanzkrise jedoch andauerte, erlaubte er, dass Kleriker dem Staat ein *Darlehen* zahlten, wenn sie es für nötig hielten. Im Jahr 1302 pochte Bonifaz in *Unam sanctam* auf der Autorität, die hinter dem ursprünglichen Verbot stand, indem er auf die absolute Oberherrschaft des Papsttums hinwies: „Es ist heilsnotwendig, dass jeder Mensch dem Papst untertan ist."
Caterina zitiert Bonifaz nie ausdrücklich, ist aber mit Sicherheit vertraut mit seiner Betonung des päpstlichen Autoritätsanspruches (den sie vehement unterstützte), wenn es um die Besteuerung des Klerus geht. Während sie 1376 wegen ihrer Bemühungen um Frieden zwischen den Florentinern und Papst Gregor XI. in Avignon weilte, wurde ihr berichtet, dass die Florentiner in dieser Sache einen Fehler begangen hatten, und sie protestierte heftig:

> „Ich bin wirklich sehr verärgert, wenn das, was mir als Gerücht zu Ohren gekommen ist, der Tatsache entspricht, dass ihr nämlich vom Klerus Steuern fordert ... zum ersten versündigt ihr euch Gott gegenüber, denn ihr könnt solche Steuern nicht mit gutem Gewissen erheben. ... Außerdem ... gefährdet ihr mit dieser [Steuer-]Angele-

> genheit euren Frieden. Denn wenn der Heilige Vater das erfährt, wird er noch zorniger über euch sein."[230]

Zugleich zeigt sich deutlich in Caterinas Korrespondenz während dieser Zeit, dass sie sich genauso im Klaren ist über die Ungerechtigkeit der unvernünftigen Zölle und Steuern, die seitens der päpstlichen Vertreter von den italienischen Republiken erhoben wurden. Sie warnt Papst Gregor XI. in diesem Zusammenhang:

> „Der Schatz der Kirche ist das Blut Christi ... und das wurde nicht für materiellen Besitz gezahlt, sondern für das Heil des Menschengeschlechts. Öffnet die Augen eures Herzens ... und seht dieses zweifache Übel an: das Übel der Größe, der Macht und des materiellen Besitzes, den ihr glaubt, zurückgewinnen zu müssen, und das Übel des Verlustes der Gnaden für die Seelen."[231]

Die größeren und tieferen Anliegen

Die vier wirtschaftlichen Themen, die wir bisher besprochen haben, sagen uns viel über Caterinas Haltung gegenüber den materiellen Dingen. Sie müssen aber letztlich in den größeren Kontext von Armut und Reichtum im allgemeinen und in Beziehung zur wirtschaftlichen Praxis der Kirche im 14. Jahrhundert gestellt werden; zu beidem hat Caterina viel zu sagen. Damit kommen wir zu dem, was meiner Meinung nach sowohl in Caterinas Theologie und Spiritualität als auch für unsere eigene Erkenntnis das bedeutendste Anliegen auf dem Gebiet der wirtschaftlichen Realitäten ist, nämlich das Thema der frei gewählten Armut.

230 Brief T209, an die Acht Kriegsherren von Florenz.

231 Brief T209, an Papst Gregor XI.

Materielle Armut und Reichtum

Wie wir gesehen haben, glaubte Caterina, wie es für ihre Zeit typisch war, dass jeder Mensch in die Verhältnisse hineingeboren war, die Gottes Vorsehung für ihn bestimmt hatte. War jemand als wohlhabend geboren, wollte Gott das so. Wer arm war, für den war das Gottes Wille; er sollte nicht danach streben, es zu ändern. Während jene, die materielle Güter im Überfluss besaßen, in Gerechtigkeit dazu verpflichtet waren, zum Unterhalt der Armen beizutragen, galt es als eine Form von Stolz, wenn ein Armer danach strebte, seine Situation zu verbessern.

Nun wurden aber zu Caterinas Zeit und in der Gegend, in der sie lebte, die Gegensätze zwischen Reich und Arm zunehmend schärfer. Landbesitzer oder Geschäftsinhaber kontrollierten Rohstoffe und Arbeitsgeräte und konnten so über Arbeitszeit und Entlohnung entscheiden. Für die Handwerker gab es die Gilden, in denen jedoch nur die Eigentümer und Arbeitgeber Sitz und Stimme hatten.[232]. Bauern und Arbeiter begannen, sich zur gegenseitigen Unterstützung in Bruderschaften[233] zu organisieren, weil sie unzufrieden waren mit der vom mittelalterlichen Gerechtigkeitsverständnis geforderten „Almosengabe" und „Mildtätigkeit", die ihnen nur das unbedingt Lebensnotwendige zubilligte. Sie wollten einen Lohn entsprechend der Art und Dauer ihrer Arbeit. Im Ringen darum streikten sie oder revoltierten sogar. Da ihr Vater und ihre Brüder Eigentümer eines Wollfärberbetriebes waren, kannte Caterina diese Problematik sicherlich. Bisher habe ich aber nur einige wenige Anhaltspunkte dafür gefunden.

232 Vgl. Barbara Tuchmann, Ein ferner Spiegel, a.a.O., 39.

233 Einige von Caterinas Anhängern gehörten zu solchen Bruderschaften, von denen einige reine Andachtsbruderschaften waren; die meisten aber erhoben Mitgliedsbeiträge zur Unterstützung der Organisation oder für Notfälle, in die ihre Mitglieder gerieten.

An keiner Stelle spricht Caterina über den Bauernstand. Und doch muss sie Bauern getroffen oder zumindest gesehen haben, denn ihre Familie besaß ein Landgut, einen Weinberg südlich von Siena, den Caterina mitunter besuchte, wo Bauern wohnten und für den Weinberg sorgten.[234] Wir haben keinerlei Hinweis darauf, in welcher Beziehung Caterina zu diesen Bauern stand. Vermied sie den Kontakt mit ihnen, wie es für Angehörige ihrer Klasse typisch war? Was hat sie über diese Menschen gedacht? Wie haben ihr Vater und ihre Brüder ihre Weinbauern behandelt? Was wurde am Familientisch über sie gesprochen? Ist es nur Gedankenlosigkeit, wenn Caterina das Wort *villano* („Bauer" oder „bäuerisch") im Sprachgebrauch ihrer Zeit in einem abwertenden Sinn benützt? Wir wissen es nicht.

Wir wissen, dass in Caterinas Schriften die hinsichtlich Reichtum und Armut zu ihrer Zeit üblichen, grundsätzlichen Auffassungen ihrer sozialen Klasse zu finden sind. Caterina hielt materielle Armut an sich nicht für tugendhaft. Die Tugend besteht im *Annehmen* der Armut, wenn man arm geboren oder durch die Umstände arm geworden war. Solche Armut ist der ausdrückliche Wille Gottes, von seiner Vorsehung bestimmt; sich dagegen aufzulehnen galt als eine Art Stolz.

> „Nun will ich [Gott] dir ein wenig darüber erzählen, wie ich meinen Dienern helfe, die mir in all ihren körperlichen Bedürfnissen vertrauen. Ich sorge für sie alle, aber sie nehmen meine Hilfe auf vollkommene oder unvollkommene Weise an, je nachdem, wie vollkommen oder unvollkommen sie selbst sind, wie sie der Welt und sich selbst entsagt haben. Nimm zum Beispiel meine Armen – jene, die im Geist und im Willen arm sind, also in geistlicher Intention. Ich sage nicht einfach „die Armen", denn es gibt viele, die arm sind und es

234 Das Gut lag bei dem kleinen Dorf San Rocco a Pilli.

> lieber nicht wären. Der Intention nach sind sie Reiche, aber sie sind Bettler, die weder auf mich vertrauen noch bereit sind, die Armut zu ertragen, die ich ihnen als Heilmittel für ihre Seele gegeben habe, weil Reichtum schlecht für sie wäre und zu ihrer Verdammnis gereichte."[235]

Wenn das ihre Überzeugung war, wie konnte Caterina Verständnis zeigen für das Ringen der Bauern und Arbeiter um eine Verbesserung ihrer Lebenssituation? Dazu haben wir einen kleinen aber interessanten sprachlichen Hinweis. Der Gebrauch der beiden Worte *villano* und *mercennaio* durchlief zu Caterinas Lebzeiten einen Bedeutungswandel vom einfachen Bezug auf Bauern bzw. Lohnempfänger hin zu Begriffen mit einem sehr negativen Beigeschmack, die von der besitzenden Klasse für diese Art von Menschen gebraucht wurden. (In der heutigen englischen Sprache sind die Wörter aus dieser lateinischen Wurzel ebenfalls negativ besetzt: *villain* = Schurke, und *mercenary* = gewinnsüchtig.) Caterina gebraucht die beiden Begriffe *villano* und *mercennaio* immer in abschätziger Weise und oft gemeinsam. Wie wir schon gesehen haben, betrachtete sie die Erwartung einer Ent(Be)lohnung nicht als tugendhaft (zumindest nicht als ein Gleichnis im spirituellen Bereich).
Materieller Wohlstand hatte in der Rangordnung der Werte aber seinen Platz:

> „Das ist die Rangordnung: Bereitschaft, das leibliche Leben für das Heil der Seelen hinzugeben, die materielle Habe hinzugeben, um das leibliche Leben des Nächsten zu retten."[236] Caterina sagt aber auch: „Wenngleich wir unser leibliches Leben für das Heil der Seelen hin-

235 Dialog 149.

236 Brief T266, an Ristoro Canigiani. Hierin stimmt Caterinas Auffassung mit der Lehre des Thomas von Aquin überein; vgl. S.th. II-II 26.

geben sollten und unsere materielle Habe für das Wohl und das Leben unseres Nächsten, so sollen wir doch nicht unser Leben dafür geben, um das Leben unseres Nächsten zu retten."[237]

Obwohl also Reiche nach Gottes Willen reich sind, sollten sie ihren Reichtum nicht im Widerspruch zu dieser Werteordnung lieben: geistliche Güter stehen über den leiblichen, leibliche über den materiellen. Denen, die tatsächlich reich sind, schreibt sie:

> „Die Reichtümer dieses Lebens sind die größte Armut für den, der sie in ungeordneter Liebe getrennt von Gott besitzt"[238]; und: „Der Reichtum der Welt ist große Armut und kann niemals jemand zu eigen sein außer dem, der ihn völlig verachtet ... Ich möchte jedoch nicht, dass du meinst, materielle Güter und Besitz seien an sich schädlich und tödlich. Nein, es ist die ungeordnete Liebe, mit der Menschen sie besitzen."[239] Aber an die Armen, in diesem Fall an eine Nonne, schreibt sie in einem ganz anderen Ton: „Der Besitz materieller Güter verleitet den Menschen zum Stolz."[240]

Wenn die Reichen nach der göttlichen Vorsehung reich sein sollen und die Armen arm, dann bestimmt die gleiche Vorsehung, dass der Besitz der Reichen ihnen nicht wirklich gehört (siehe ihre Anmerkung an Monna Giovanna oben), sondern dass sie nur Verwalter des Reichtums sind. An Stricca di Cione Salimbeni schreibt Caterina: „Gott erlaubt uns, Reichtum zu besitzen,

237 Brief T268, an die Ältesten und Wappenträger der Stadt Bologna.
238 Brief T166, an Colomba von Lucca.
239 Brief T345, an Giovanna da Mileto e di Terra Nuova.
240 Brief T58, an Cristofora, die Priorin des Klosters Santí Agnesa in Montepulciano.

damit wir ihn für die Armen verwalten."[241] Nach den Moralvorstellungen jener Zeit war das nicht nur eine Empfehlung zur Nächstenliebe, sondern eine Verpflichtung gegenüber der Gerechtigkeit.

Kirchenrechtler und Theologen nach Gratian diskutierten über den Unterschied zwischen dem „Recht auf Besitz" und dem „Recht auf Nutzung des Besitzes". Sie lehrten, der Mensch habe zwar das Recht auf Privatbesitz (da universell gemeinsamer Besitz durch die Sünde unmöglich geworden sei), niemand habe aber das Recht zu unbegrenztem Gebrauch des Privatbesitzes. Weder Reiche noch Arme haben demnach ein *Recht*, mehr zu brauchen, als für ihren Lebensunterhalt nötig ist. Auf das Lebensnotwendige allerdings hatten sie ein *Recht*, wer mehr besaß, als er zum Leben brauchte, war entsprechend dem Maß seines Besitzes verpflichtet, für den Lebensunterhalt jener aufzukommen, die das Lebensnotwendige nicht besaßen.[242] An Nigi di Doccio Arzocchi schreibt Caterina: „Ohne Liebe für unseren Nächsten können wir das ewige Leben nicht haben. Und je größer die Not, desto mehr Liebe ist nötig."[243] Wer den Armen die Hilfe verweigert, verdient die Hölle.[244]

> „[Wie ein Baum musst du anderen die Zweige deines guten Beispiels entgegenstrecken, aber] wenn du kannst, auch die Hilfe deiner materiellen Güter in Großherzigkeit ... und ihnen auf jede dir mögliche Weise dienen, in allem, was du an Notwendigkeit erkennst und so gut wie du kannst."[245]
>
> „Du musst alles als Verwalter des gekreuzigten Chris-

241 Brief T110.

242 Vgl. John Thomas Gilchrist, The Church and Economic Activity in the Middle Ages, a.a.O.

243 Brief T216.

244 Dialog 127.

245 Brief T113, an Benedetta Salimbeni.

> tus gebrauchen, einschließlich deiner materiellen Güter, „die du so gut als du kannst an die Armen verteilen musst, die Gottes persönliche Stellvertreter sind."[246]

Der Begriff Almosen bezieht sich sowohl auf Geld und materielle Güter als auch auf Gebete und „alles, was du hast, um helfen zu können"[247]. Die Armen sind Gottes Stellvertreter, weil sie geistliche Güter für materielle geben: ihr Gebet und die Gunst, die sie den Reichen erweisen, indem sie ihnen durch ihre Wohltätigkeit Gelegenheit zum Erwerb geistlicher Verdienste geben.

> „Ich danke der Göttlichen Güte und euch für die Almosen, die ihr gegeben habt, und die ihr offensichtlich weiterhin denen geben wollt, die Gott dienen. Sie werden euch dafür ihre Gebete schenken, wodurch ihr für die zeitlichen materiellen Güter ewige Güter erhaltet. Erfüllt eure Pflicht gut, denn ihr müsst den Armen dienen mit allen euch gebotenen Mitteln – ihr und alle anderen, die das Nötige dazu besitzen. Denn die Armen sind die Hände (zusammen mit der herzlichen Liebe, in der ihr Almosen gebt), die uns zum ewigen Leben führen."[248]
>
> „Das Blut [Christi] lehrt uns, wie wir unseren materiellen Besitz verwalten müssen: ... indem wir die Armen und Notleidenden zu unseren Herren und Herrinnen machen."[249]

Wie schon erwähnt, lebte Caterina selber von der Großherzigkeit anderer. Aber sie bettelte auch für andere. Wiederholt bat sie um Gaben für das Dominikanerinnenkloster Sant'Agnesa in

---

246 Brief T247, an Giovanna di Corrado Maconi.
247 Brief T366, an Andrea Vanni.
248 Brief T304, an Lodovica di Granello.
249 Brief T355, an Orietta Scotti.

Montepulciano[250] und schrieb Dankesbriefe für erhaltene Almosen. Sie bat für Einzelpersonen in besonderen Notlagen, z.B. für Raimondo da Capuas Bruder Luigi, der von Offizieren der Königin Giovanna von Neapel in Haft genommen und mit 1.000 Florinen Geldstrafe belastet worden war, die er nicht zahlen konnte. Interessanterweise ist die Person, die sie in diesem letzteren Fall um Hilfe bittet, ein Mitglied der Tolomei, einer Bankiersfamilie von Siena.[251]

Die Kirche als Institution als auch der Klerus waren durch ein besonderes Gebot zum Almosengeben verpflichtet: ein Drittel ihres Vermögens stand ihnen zum eigenen Lebensunterhalt zur Verfügung, ein Drittel schuldeten sie dem Unterhalt der Kirche und ein Drittel war für die Armen bestimmt. So verurteilt Caterina in ihrem *Dialog* Kleriker, die diesen Verpflichtungen nicht nachkamen:

> „Nachdem sie ihr eigenes Seelenheil an den Teufel verspielt haben, verspielen sie ebenso die Kirchengüter wie auch alle materiellen Güter, die ihnen Kraft des Blutes übertragen wurden. So verlieren die Armen, was ihnen zusteht, und der Bedarf der Kirche wird nicht gedeckt."[252]

Was Ordensleute angeht, musste aller Überfluss den Armen gegeben werden. Zu jener Zeit legte jedes Ordensmitglied ein Gelübde der vollkommenen Armut ab, das jedes persönliche Eigentum ausschloss; hier wurde allerdings oft Missbrauch betrieben. Bei Mönchen, Nonnen und Brüdern war „Privateigentum" üblich. Man teilte materielle Güter nicht einmal untereinander in der Gemeinschaft und schon gar nicht als Almosen mit den Armen.

250 Briefe T198, an Bartolomeo Dominici; T88, an Bischof Angelo Ricasoli; T129, an Bartolomeo Dominici.

251 Brief T254, an Jacomo Attacusi dei Tolomei.

252 Dialog 123.

„Wie beobachten diese Elenden die Gelübde? Schaut euch ihren Besitz an und all das Geld, das sie für sich behalten. Sie üben keine gemeinsame Nächstenliebe, in der sie ihre materiellen wie ihre spirituellen Güter mit den Brüdern teilen sollten, wie es vom Gesetz der Liebe sowie von ihrer eigenen Ordensregel geboten ist. Sie wollen niemanden mästen als sich selbst und ihr Tier. So mästet ein Tier das andere, während ihr armer Bruder vor Hunger und Kälte umkommt."[253]

„Sie beobachten das Gelübde der freiwilligen Armut nicht, weil jene, die selbstsüchtig leben, nach den Dingen dieser Welt hungern. Sie sind des Gebetes und der Zelle überdrüssig geworden, weil sie Freude an Zerstreuungen mit anderen haben."[254]

Idealerweise hätte das einzelne Ordensmitglied also keinen materiellen Besitz, den es teilen müsste, denn er oder sie besäßen nur das für den Lebensunterhalt Notwendige. So schreibt Caterina an die Äbtissin und die Nonnen von San Pietro in Monticelli: „Die Armut ist der Reichtum und Ruhm der Ordensfrauen, und welche Schande für sie, wenn sich herausstellt, dass sie etwas zu verschenken haben!"[255] Wenn sie daher Raimondo da Capua ermahnt, seine freiwillige Armut wie seine Freigebigkeit gegen die Armen zu intensivieren, nehme ich an, dass sie damit die Großherzigkeit in seinem Dienst meint, denn der fragliche Brief stammt aus einer Zeit, als Raimondo nicht in einer Stellung war, in der er über Güter des Dominikanerordens verfügte oder ein Haus des Ordens weggeben konnte.[256]

Beim Thema der freiwilligen Armut hat Caterina sich meiner

253 Dialog 125.

254 Brief T84, an Filippo di Vanuccio und Niccolò di Pietro von Florenz.

255 Brief T179. Tatsächlich konnte eine Ordensfrau vom Papst Dispens erhalten, wenn sie mehr als zwei Dienerinnen behalten wollte, für weniger als zwei benötigte sie offensichtlich überhaupt keine Erlaubnis, außer die der Hausoberin!

256 Brief T373.

Auffassung nach am weitesten über die Grenzen der Wirtschaftsethik ihrer Zeit hinaus gewagt, hin zu einer Sichtweise, die uns in unseren eigenen Überlegungen bezüglich materieller Gerechtigkeit inspirieren kann.

Freiwillige Armut

Obwohl Caterina glaubte, dass es eine Frage der Vorsehung ist, wenn man im Reichtum geboren ist, findet sie doch am Beispiel Christi die Begründung für den freiwilligen Verzicht auf diesen Reichtum, der nicht nur das Weggeben allen Überflusses als Almosen für die Armen meint, sondern vor allem, selbst arm zu werden:

> „Obwohl [das Wort] Gott war, höchster ewiger Reichtum, wählte und liebte er doch die Armut, um uns unwissende Elende zu unterweisen."[257] „Er umarmte freiwillige Armut und kleidete sich selbst darin, während die Welt große Reichtümer sucht."[258]

Ordensleute haben solche freiwillige Armut nach dem Beispiel Christi gelobt.[259] (Man beachte, dass Caterina das Gelübde immer „freiwillige Armut" nennt, nie nur „Armut".) Die Ordensfrau mit

257 Brief T67, an den Konvent von Passignano di Valle Ombrosa.

258 Brief T111, an Biancina di Giovanni Salembeni. Man beachte, dass dies ein Brief an eine weltliche Dame ist, während die vorhergehenden Worte an Ordensleute gerichtet waren, die die freiwillige Armut gelobt hatten.

259 Eine interessante Beobachtung: In Caterinas Logik ist der Gehorsam eine Folge der Armut und nicht die Armut Folge des Gehorsams, obwohl diese letztere Einstellung der traditionellen Interpretation im Dominikanerorden entspricht, z.B. Brief T75, an die Nonnen von San Gaggio in Florenz und die Nonnen von Monte San Savino: „Gehorsam folgt also auf Armut und Demut, denn je ärmer im Geist die Braut freiwillig geworden ist, je mehr sie dem Reichtum und Ansehen der Welt entsagt hat, desto demütiger wird sie sein. Je demütiger sie ist, desto gehorsamer ist sie."

Gelübden „verlangt nicht oder liebt nicht die Welt oder ihre Reichtümer, noch will sie irgendetwas für sich selbst besitzen, denn sie erkennt, dass das gegen ihr Gelübde der freiwilligen Armut wäre, welches zu beobachten sie bei ihrer Profess gelobt hat."[260]
Wir haben schon über die Missstände berichtet, die zu Caterinas Zeit auf dem Gebiet des Armutsgelübdes gängig waren. Dabei handelte es sich teilweise um eine Reaktion Überlebender nach dem Trauma der Pestzeit, während derer die meisten Orden zahlenmäßig dezimiert worden waren. Für Caterina gab es keine Entschuldigung für solches Verhalten, weder für Institutionen noch für Individuen: „Reichtum ist Armut und Schande für das Ordensleben", schreibt sie an ein bestimmtes Kloster in Bologna.[261] In ihren Briefen an Ordensleute scheint Caterina vorauszusetzen, dass diese den Sinn der freiwilligen Armut verstehen, und spricht deshalb darüber nur im Zusammenhang mit Missständen. Sie setzt ebenfalls voraus, dass der Klerus auch ein gewisses Maß an freiwilliger Armut lebt, wenn sie sich darüber beklagt, welche Missstände sie dort sieht.

> „O wie entsetzlich ist es, diejenigen zu sehen, die Beispiele der freiwilligen Armut sein sollten, demütige Lämmer, welche den Armen aus dem Besitz der Kirche spenden, und die hier umherlaufen in größerem weltlichen Vergnügen und Prunk und Ansehen und Eitelkeit, als wären sie tausendmal in der Welt!"[262]
> „Die Güter der Kirche erinnern dich daran [hier spricht Gott zu einem schuldig gewordenen Kleriker], dass du ein Schuldner und ein Dieb bist, und alles, was du schuldest, den Armen und der Kirche hättest geben sollen. Dann erinnert dich dein Gewissen auch daran, dass du diese Güter für öffentliche Dirnen ausgegeben hast, um

260 Brief T86, an die Äbtissin des Klosters von Santa Maria degli Scalzi.
261 Brief T215.
262 Brief T206, an Papst Gregor XI.

> deine Kinder zu unterhalten und deine Verwandten zu bereichern, dass du sie in Festgelagen verprasst und dein Haus geschmückt hast mit allerlei silbernen Gefäßen. Und du hättest in freiwilliger Armut leben sollen."[263]

Bei Caterina ist besonders interessant, dass sie nicht nur Ordensleuten und Klerikern zu freiwilliger Armut rät, sondern allen Christen. Zwar stimmt es, dass sie Raum lässt für „geistliche Armut", den Besitz des Reichtums, ohne daran zu hängen: „Der selige Christus lädt uns ein, ihm in freiwilliger Armut zu dienen; denn wenn wir faktisch Reichtümer besitzen, sollten wir sie doch nicht geistlich besitzen, das heißt mit Verlangen, sondern sollten unsere Anhänglichkeit an alles Irdische ablegen."[264] Das Ideal aber ist die freiwillige Armut.

> „Es scheint der Welt wirklich eine geringe Sache zu sein, ... die freiwillige Armut zu erwählen, die menschlichen Stolz, Größe und Ansehen beugt, (die sich so aufspielen und erhaben gelten wollen) und demütig macht, indem man sich in der Tugend erniedrigt."[265]
> „Die Seele, welche in der Zelle der Selbsterkenntnis wohnt, ist eingeschlossen, nicht offen. Ich meine damit, sie findet keine Freude an den Vergnügungen der Welt und sucht keine Reichtümer, sondern die freiwillige Armut. Und sie sucht Reichtum weder für sich selbst noch für andere. Sie ist bestrebt, dem Schöpfer allein zu gefallen, nicht den Geschöpfen."[266]

In manchen ihrer Überlegungen zur freiwilligen Armut kommt Caterina in der Tat den Fragen sehr nahe, die wir uns heute

263 Dialog 132.
264 Brief T90, an Laudomia di Carlo degli Strozzi.
265 Brief T131, an Nicolò Soderini.
266 Brief T113, an Benedetta Salimbeni.

stellen, ob nämlich das Wesen der evangelischen Armut in der Identifikation mit den Armen und Unterdrückten besteht oder nicht. Denn immer wieder weist Caterina im Hinblick auf die freiwillige Armut auf das Beispiel Christi hin, der „Verächtlichkeit, Schimpf, Beleidigungen, Schmerzen, Hunger und Durst, Verletzungen und Verfolgung“ erlitten hat, das, was auch heutzutage Menschen in Unterdrückung und wirtschaftlicher Armut kennzeichnet. In einem Brief an Raimondo da Capua fasst sie all dies als „die Lehre Christi“ zusammen und bringt sie in Zusammenhang mit der Liebe zu unserem Nächsten. Ich zitiere diesen Brief ausführlich, weil er so viel beinhaltet.

> „Lernt von dem Meister der Wahrheit, der die Tugend erst predigte, nachdem er sie selbst praktiziert hatte.[267] Auf diese Weise werdet ihr Frucht bringen und ein Kanal sein, durch den Gott seine Gnade denen ins Herz fließen lässt, die euch hören. … Kommt also zu dieser wunderbaren Schule, meine Kinder! Denn diese Kraft und diese Liebe werden euch führen und euer Leben sein! ... Ich sage euch: öffnet eure Ohren dieser Lehre – und dies ist sie: freiwillige Armut; Geduld angesichts von Beleidigungen; Böses mit Gutem vergelten; in der Welt gering sein, demütig, unterdrückt und verlassen; Spott [ertragen], Qualen, Unrecht, Beleidigungen, Herabsetzung, Verleumdungen, Schwierigkeiten und Belästigungen von der Welt, von sichtbaren und unsichtbaren Teufeln. ... Es ist Leiden in Geduld und Widerstand leisten mit den Waffen des Hasses und der Liebe. O süße und angenehme Lehre! Dies ist der Schatz, den er für sich selbst erwählte und seinen Jüngern hinterließ, als den größten Reichtum, den er hinterlassen konnte. Hät-

267 Apg 1,1 wird in der mittelalterlichen Andachtsliteratur oft zitiert. Vgl. Dialog 29: „Er lehrte euch mehr durch sein Beispiel als durch Wort, tat immer erst, worüber er später sprach.“

te die göttliche Güte gefunden, dass Vergnügen gut wären, Freuden, Unterhaltungen und Selbstsucht, Eitelkeit und Frivolität des Herzens, dann hätte er diese erwählt. Aber die Weisheit des menschgewordenen Wortes sah und wusste, dass jenes andere der bessere Teil ist, und so liebte er es sofort, und liebevoll kleidete er sich darin. Und das ist es auch, was seine Diener und seine Kinder tun, wenn sie in den Fußstapfen ihres Vaters folgen … Wir können Gott [unsere] Liebe nicht mit irgendwelchen Diensten erweisen, denn er hat es nicht nötig, dass wir ihm Gutes tun; wir können und müssen sie aber unsern Brüdern und Schwestern erweisen, indem wir in ihnen die Herrlichkeit und den Ruhm des Namens Gottes suchen. Also, keine Gleichgültigkeit mehr! Kein Ruhen in Unwissenheit! Nein, mit kühnem und brennendem Herzen richtet euer süßes liebendes Verlangen darauf, Gott die Ehre zu geben und eurem Nächsten eure besten Bemühungen zu widmen, und verliert nie euer Ziel aus den Augen, den gekreuzigten Christus."[268]

Finden sich hier nicht bedeutsame Parallelen zu vielem, was wir heute über Solidarität mit den Armen sagen und über das, was sie einschließt?
Wie wir sehen konnten, war Caterina ein Kind sowohl des ausgehenden 14. Jahrhunderts als auch ihrer Stadt Siena und der sozioökonomischen Klasse ihrer Familie. Sie scheint mit den fortschrittlicheren ökonomischen Theorien der Scholastiker nicht in Berührung gekommen zu sein. Ihre eigenen Überlegungen zur freiwilligen Armut Jesu in den Evangelien führten sie aber zu Überzeugungen, die auch für uns heute eine Herausforderung darstellen, wenn wir sie konsequent zu Ende denken.

268 Brief T226.

8. Zeit und Ewigkeit

Der mittelalterliche Europäer stellt sich seit etwa Anfang des 12. Jahrhunderts die Zeit als eine Linie vor, die aus der Ewigkeit hervorgeht und dorthin wieder zurückläuft.[269] Die Menschen lebten fast alle im klaren Bewusstsein einer endgültigen Bestimmung zu Himmel oder Hölle, mit lebhaften Vorstellungen darüber, was das bedeutete – gleich ob es ihr tägliches Leben beeinflusste oder nicht. Tatsächlich glaubten die meisten Menschen im Mittelalter, dass der überwiegende Teil von ihnen in die Hölle kommen würde.

Caterina von Siena war wie in allen anderen Dingen auch in ihren Vorstellungen von der Ewigkeit ein Kind der Kultur und Kirche des 14. Jahrhunderts. Ihre Ansichten, Bilder und Überzeugungen waren von der Realität der Sterblichkeit geprägt, die sie umgab, sowie von der Theologie, die sie gehört und gelesen hatte, und besonders von der Sichtweise ihres eigenen kompromisslosen Strebens nach Heiligkeit. Ihr Bewusstsein von der Ewigkeit beherrschte ihr Leben und durchdrang all ihre Schriften. Unsere kurze Lebensspanne – so ihre Ansicht – ist mit einem positiven Ziel aus Gott hervorgegangen und führt mit dem gleichen Ziel zurück zu ihm. Innerhalb jener göttlichen Ewigkeit „blickte Gott in sich hinein und verliebte sich in die Schönheit seines Geschöpfes, und so schuf er uns. Bewegt vom Feuer seiner unaussprechlichen Liebe schuf er uns mit dem einzigen Ziel: dass wir das ewige Leben haben und uns an dem unendlichen Gut erfreuen sollten, dessen Gott selbst sich erfreut.“[270]

Die Menschheit verfiel dem Tod, als Adams Sünde ihren Ausschluss aus dem Leben in der Ewigkeit verursachte.[271] In der

269 Vgl. Jaques Le Goff, Time, Work, Cuture in the Middle Ages, Chicago 1980, 32.

270 Brief T28, an Bernabò Visconti.

271 Vgl. Brief T9, an eine unbekannte Frau: „Nach Adams Sündenfall … wurden wir der Schau Gottes beraubt und vom ewigen Leben ausgeschlossen.“

Kunst des 14. Jahrhunderts ist das Bild des Todes nie schön – wie in den glücklichen Szenen aus früheren Jahrhunderten –, insbesondere nicht mehr nach dem Ausbruch der Pest im Jahre 1347, dem Geburtsjahr Caterinas.
Nach Caterinas Ansicht aber ist der Tod nichts anderes als unser Eingangstor aus dem Exil zurück in die Ewigkeit. So schreibt sie an Marco Bindi:

> „Gott lässt [Schwierigkeiten] zu, so dass wir uns mutigen Herzens loslösen … von der Welt und mindestens ein wenig nach den guten Dingen suchen, die unsterblich sind, so dass wir die Welt und all ihren Schmutz fahren lassen und den Himmel suchen. Denn wir sind nicht dazu geschaffen, uns von der Erde zu nähren, sondern in diesem Leben wie Pilger immer auf unser Ziel, das ewige Leben, zuzulaufen."[272]

Unser persönlicher Besitz der Ewigkeit beginnt schon in diesem Leben mit einem „Unterpfand", mit einer Art „Anzahlung" (*arra*) aufgrund unserer Entscheidungen, die wir hier in diesem Leben treffen. Caterina erklärt das Daniella von Orvieto so:

> „Eine Anzahlung ist eine erste Zusicherung an eine Person aufgrund derer sie später die volle Zahlung erwarten kann. (Die Anzahlung selbst ist unvollständig, aber das Vertrauen schenkt uns die Zuversicht auf spätere Vollständigkeit.)"[273]

Wenn wir uns für die Sünde entscheiden, erhalten wir das Unterpfand der Hölle und erleben sie tatsächlich schon hier, „indem wir uns vorzeitig mit den Teufeln verbünden."[274] – Wir le-

---

272 Brief T13.
273 Brief T65.
274 Brief T2, an Andrea die Vitroni.

ben im „Zustand der Verdammnis."[275] und wenn wir in diesem Zustand sterben sollten, wird unsere Verdammnis nur besiegelt. Wenn wir uns für die Tugend entscheiden, fangen wir schon jetzt an, den Himmel in einem Leben in der Gnade zu erfahren. „O, in uns ist das ewige Leben, und wir wissen es gar nicht!", so reflektiert sie staunend.[276] Während wir aber selbst es sind, die sich für Verdammnis entscheiden, ist es allein Gottes Geschenk in Christus, wenn wir das ewige Leben wählen. Ja, wie sie an Conte di Conte von Florenz schreibt, es ist sogar „Diebesgut".[277]

Tod und besonderes Gericht

In ihren Briefen spricht Caterina in warnendem Ton über die Kürze des Lebens und die Unvorhersehbarkeit des Todes.

> „Das Leben ist so kurz, dass wir den Tod täglich erwarten – denn unser Leben ist nicht mehr als eine Nadelspitze."[278] – „Gleich, was wir tun – ob wir schlafen oder essen oder reden oder irgendetwas anderes tun – wir laufen immer auf den Tod zu."[279] – „Zögere nicht, denn die Zeit ist kurz, und der Augenblick des Todes kommt, wenn wir ihn am wenigsten erwarten."[280] Und immer wieder: „Du musst sterben und weißt nicht wann. Rechne nicht mit Zeit, von der du nicht weißt, ob du sie hast!"

275 Ein Ausdruck, den Caterina oft verwendet.

276 Gebet 17.

277 Brief T83.

278 Brief T184, an den Prior und die Brüder der Gesellschaft der Jungfrau Maria in Siena.

279 Brief Gardner IV, an Pietro Canigiani.

280 Brief T149, an Piero Gambacorta.

In einem Brief an Jacomo Attacusi de' Tolomei schreibt sie sogar, wir sind zum Tode *verurteilt*.[281] Und diese Warnung gilt nicht nur verstockten Sündern, denn der Gedanke an den Tod in seiner Unausweichlichkeit kann auch die Frommen motivieren, geduldig zu sein im Leiden und losgelöst von Vergnügungen, weil der Tod daran erinnert, wie kurzlebig diese sind.
Caterina setzt den Augenblick des Todes fast mit dem des persönlichen Gerichts gleich.[282]

> „[N]iemand muss darauf warten, gerichtet zu werden. Alle erhalten den ihnen bestimmten Platz, wenn sie aus diesem Leben scheiden. Sie kosten ihn und besitzen ihn sogar schon, bevor sie den Körper im Augenblick des Todes verlassen."[283]

Interessanterweise erwähnt sie bei ihren Reflektionen über das Sterben der Gerechten das Gericht nicht direkt, sondern erweckt den Eindruck eines natürlichen Übergangs, einer glücklichen Umarmung. Das Gericht als solches betont Caterina im Zusammenhang mit dem Sterben der Ungerechten. Hier werden alle Aspekte des Gerichts im Augenblick des Todes klar beschrieben. Sie erinnert ihre Briefpartner daran, dass wir verantwortlich sind für die Wahl, die wir treffen.

> „Bedenke, dass wir uns im Augenblick des Todes verantworten müssen".[284] – „Warte nicht bis zum Augenblick des Todes, nach welchem es dir nichts mehr nüt-

281 Brief T254: „Warte nicht auf die Zeit, denn es gibt keine Garantie, dass du sie haben wirst. Denn wir sind zum Tode verdammt und kennen den Zeitpunkt nicht."

282 Sie sagt das deutlicher als Thomas von Aquin, der in S.th. III 59, 5 schreibt, dass „das vollständige Urteil über einen Menschen nicht vor dem Ende seines Lebens gefällt werden kann".

283 Dialog 43.

284 Brief T161, an Nella und Caterina Buonconti.

zen wird, dich zu entschuldigen und zu sagen ‚Ich dachte, was ich tat, wäre gut!'"[285]

In diesem Augenblick nämlich ist Gott unser Richter nur insofern, als die Gegenwart des unendlich Guten als Richter dem Bösen klar gegenüber steht. Wenn wir dem Tod ins Auge sehen, ist es unser eigenes Gewissen, das uns richtet. Im Augenblick des Todes sprechen wir uns selbst das Urteil. In diesem Augenblick der letzten Rechenschaft ist unser einzig möglicher Fürsprecher die Tugend, ein „gutes und heiliges Gewissen", welches „unsere Nacktheit bedeckt und vor dem höchsten Richter für uns Rechenschaft ablegt."[286] Ohne Tugend sind wir wehrlos. „Vor Gott gibt es keine Möglichkeit, Einspruch zu erheben, keine Verteidiger, keine Rechtsanwälte", schreibt Caterina.

> „Denn der wahre Richter hat das Gewissen zum Verteidiger bestimmt, und bei diesem letzten Gericht verdammst du dich selbst und urteilst selbst, dass du des Todes schuldig bist."[287]

In diesem Leben mag es scheinen, dass die Sünde ungestraft bleibt, wenn wir aber sterben, wird Gottes Gerechtigkeit triumphieren.

> „Es ist leicht, hin und wieder Gottes Langmut angesichts unserer Sünden zu erkennen, wie er vorgibt, nicht zu sehen. Wenn aber der letzte Augenblick des Todes gekommen ist, wird er beweisen, dass er wohl gesehen hat – denn dann wird jede Sünde bestraft und jede gute Tat belohnt werden."[288]

285 Brief T317, an Königin Giovanna von Neapel.
286 Brief T345, an Giovanna di Mileto e di Terra Nuova.
287 Brief T3, an den Rektor von Casole und Giacomo di Manzi.
288 Brief T101, an Kardinal Jacopo Orsini.

Vorhölle und Fegfeuer

Caterina erwähnt Vorhölle und Fegfeuer selten, die in der traditionellen römisch-katholischen Lehre als Nach-Todesorte erscheinen, die weder Himmel noch Hölle sind. Vor ihr hatte Thomas von Aquin unterschieden zwischen einer „Vorhölle der Väter“, einem zeitweiligen Aufenthaltsort jener, die vor der Erlösung im Zustand der Heiligkeit verstorben waren, und einer „Vorhölle der Kinder“, einem dauernden Aufenthaltsort derer, die ohne Taufe, aber auch ohne persönliche Sünde sterben. In Übereinstimmung mit der Tradition vergleicht Thomas diese beiden Zustände mit dem in der Hölle, insofern ihnen die selige Anschauung Gottes fehlt.[289]

Obwohl Caterina an zwei Stellen über den Tod getaufter Säuglinge spricht (von denen sie annimmt, dass sie aufgrund die Verdienste Christi gerettet sind), spricht sie nirgendwo über das Schicksal ungetaufter Säuglinge. Sie erwähnt die „Vorhölle der Väter“ vier Mal, und zwar im gleichen Sinne wie Thomas: Dieser Ort ist der Aufenthaltsort der Heiligen, die erlöst werden, wenn Christus nach seinem Tod die Hölle „ausraubt“ und ihnen den „vollen Lohn“ dafür gibt, dass sie ihm „in Wahrheit gedient“ haben.“[290]

Für Caterina sind dies nur die heiligen Menschen des früheren jüdischen Bundes. Wenn sie über die heidnischen Philosophen spricht, wähnt sie diese im „ewigen Tod“, obgleich sie um der Erkenntnis willen in Enthaltsamkeit und Armut gelebt hatten.[291] Caterina sagt, dass „sie nicht gerettet werden konnten“, weil sie den Glauben nicht hatten.[292]

---

289 S.th. Suppl. 69, 4-6. Hier muss bemerkt werden, dass dieser „Anhang“ zum dritten Teil der *Summa* eigentlich Auszüge aus dem Kommentar zu Buch 4 enthält „Von den Sätzen“.

290 Brief T47, an Pietro di Giovanni Venture.

291 Dialog 15; ebd., 149f und 32.

292 Gebet 24. Caterina bezieht sich in diesem Text anscheinend auf den Römerbrief, in dem Paulus aber über Heiden spricht, die trotz ihrer natürlichen Erkenntnis Gottes in Götzendienst und Verderbtheit lebten, während Caterina vermutlich über gute Heiden spricht.

Die fünfmalige Erwähnung des Fegefeuers in Caterinas Schriften – bis auf eine alle im *Dialog* – sind umstritten hinsichtlich ihrer Echtheit, da sie sich von ihren anderen Schriften stilistisch unterscheiden.[293] Könnte die Starrheit der Sprache in diesen Textpassagen daher rühren, dass Caterina die Lehre von Fegfeuer zwar oberflächlich kannte, ohne dass sie sie jedoch verinnerlicht hätte? Oder wurden diese Passagen bei einer späteren Überarbeitung hinzugefügt? (Der längste dieser Texte im Kapitel 148 des *Dialogs* ist im ältesten und sicher echten Manuskript nicht enthalten.)
Gleich ob diese Textpassagen von Caterina stammen oder nicht, finden sich in ihnen viele Elemente, die auch in Thomas Kommentar zu diesen Passagen enthalten sind, die der *Summa* später hinzugefügt wurden: Das Fegefeuer ist ein Ort für die „Unvollkommenen", in dem Sündenstrafen abgebüßt werden, aber ohne Verdienst. Die Gebete und guten Werke der Lebenden können die Strafe derer im Fegefeuer „abkürzen". Thomas sagt, dass die Strafen im Fegefeuer von der göttlichen Gerechtigkeit getätigt werden, nicht von den Teufeln. Im *Dialog* sagt Gott aber, dass die Teufel „mich als meine Folterknechte verherrlichen, denn durch sie wird meine Gerechtigkeit den Verdammten und denen, die im Fegefeuer sind, offenbar."[294]
Thomas von Aquin hat also an die Existenz des Fegefeuers geglaubt. Wenn aber die Texte, in denen Caterina davon spricht, von fraglicher Echtheit sind, wie war dann ihre Auffassung? Es besteht kein Zweifel, dass Caterina an die Wirksamkeit von Ablässen glaubte, was den Glauben an ein Fegefeuer in gewisser Weise mit einschließt. Sie versuchte aktiv, Ablässe für ihre Anhänger zu erlangen und sagte ihnen deren Wirksamkeit zu. Sie nennt sie „Ablässe für Schuld und für Strafen in der Todesstunde." „Glaube mit lebendigem Glauben und starker Hoffnung",

293 Interessanterweise spricht Caterina mehrfach über Reinigung während dieser Lebenszeit, manchmal im Zusammenhang mit „dem süßen Feuer der Liebe Gottes", wie z.B. in Brief T151, an Nella Buonconti.

294 Dialog 81.

schreibt sie, „dass, wenn du nach Erweckung der Reue und Bekennen deiner Sünden mit diesem Ablass aus dem Leben scheidest, deine Seele ins ewige Leben eingehen wird, so makellos und rein wie am Tag deiner heiligen Taufe."[295]
Nun kann man aber nicht davon sprechen, dass beim Tod noch Schuld und Strafe bleiben, auch wenn sie keine Hölle verdienen, ohne auch zu glauben, dass es nach dem Tod eine Möglichkeit zur Buße gibt. Gleich also ob die ausdrücklichen Erwähnungen des Fegefeuers authentische Aussagen Caterinas sind oder nicht, sie muss an ein Fegefeuer geglaubt haben – es sei denn, sie nahm an, dass die Begegnung mit Gott im Augenblick des Todes genügte, um die Schuld zu tilgen und damit auch die Strafe.

Himmel und Hölle

Die beiden Worte *Himmel* (*cielo*) und *Hölle* (*inferno*) sind in Caterinas Wortschatz nur Ortsbezeichnungen, bei denen sie nicht weiter ausführt, wie sie sich die Realität dieser beiden „Orte" vorstellt. Es ist bedeutsam, dass Caterina in ihren Überlegungen zu ewiger Belohnung und Strafe meist von „ewigem Leben" und „ewigem Tod" spricht.
Wir könnten über diese beiden Wirklichkeiten in der einen wie der anderen Reihenfolge sprechen, da in Caterinas Worten „das Licht besser im Kontrast zur Dunkelheit gesehen wird und die Dunkelheit im Kontrast zum Licht."[296] Wir wollen mit der Hölle beginnen, um im Blick auf den Himmel mit der positiven Sicht zu enden.
Die physischen Beschreibungen der Hölle zeigen bei Caterina, dass sie mit den grausamen Einzelheiten der Darstellungen der Hölle in der Kunst und Literatur ihrer Tage vertraut war, mehr

295 Brief T236, an Bartolo Usimbardi.
296 Dialog 42.

noch: Sie stehen ausdrücklich im Zusammenhang mit dem, was sie aus der Heiligen Schrift wusste, vor allem von den Bildern im Evangelium wie dem Ausschluss vom Gastmahl[297] und vom Verbrennen der verdorrten und unnützen Zweige des Weinstocks.[298] Tatsächlich spricht Caterina vom Feuer der Hölle kaum anders als im Zusammenhang mit diesem Bild aus dem Johannesevangelium. Die physischen Einzelheiten von „Heulen und Zähneknirschen" wie das Hinausgeworfen werden in die Finsternis (und deswegen in die Kälte) entstammen wiederum dem Gleichnis vom Hochzeitsmahl.

In ihrem Lesen und Gesprächen ebenso wie beim Anhören von Predigten kam Caterina ständig in Berührung mit der zeitgenössischen Theologie, besonders mit der augustinischen und mit der scholastischen Theologie. Während sie jedoch in ihren sonstigen Schriften eine wunderbare Geschicklichkeit im Umgang mit Bildern an den Tag legt, benützt sie bei ihren Vorstellungen von der Ewigkeit im Allgemeinen keine Bilder, sondern theologische Begriffe – was ich sehr bedeutsam finde.

Der ewige Tod ist nicht Folge göttlicher Vorherbestimmung oder Willkür, sondern Folge bewusster und beständiger menschlicher Wahl. Man stolpert nicht unbewusst und blindlings, quasi wie zufällig durch einen unwillkürlichen Fehler in ihn hinein, wie sie Ristoro Canigiani versichert: „St. Gregor sagt, dass eine fromme Person unmöglich in einem bösen Tod umkommen kann, also im ewigen Tod."[299] Die Verdammten haben sich dazu entschieden, den Teufeln zu dienen statt Gottes. Sie haben sich selbst aus der „Gemeinschaft der Christgläubigen" ausgeschlossen, sei es, dass sie sich weigerten, den Glauben anzunehmen (wie sie in ihrem Brief an den Juden Consiglio behauptet)[300]

297 Wie im Gleichnis von den klugen und törichten Jungfrauen (Mt 25,1-13) und dem Gleichnis der zum Festmahl Geladenen (Mt 22,1-14).

298 Joh 15,1-6.

299 Brief T258.

300 Brief T15. In Caterinas Theologie scheint es keine Möglichkeit zu geben, dass

oder dass sie im Widerspruch zu dem Glauben leben, den sie einmal angenommen haben.
Caterina macht klar, dass sie der Überzeugung ist, die Verdammnis derer, die in der „*Todsünde*" sterben, sei ewig und unwiderruflich.[301] Die Hölle ist der „ewige Tod" in dem Sinn, dass die Verdammten von der Quelle des Lebens abgeschnitten sind. Sie erleiden einen Zustand schrecklicher Qualen. Die schlimmste davon ist der Verlust der Anschauung Gottes, der „ihnen so schmerzlich ist, dass sie, wenn sie die Möglichkeit hätten, lieber mich sehen und dabei Feuer und unsägliche Qualen leiden würden als frei zu sein von Qualen, ohne mich zu sehen."[302] Durch die Erkenntnis dieses Verlustes wird der „Gewissenswurm"[303] immer wieder neu belebt, der sie ständig daran erinnert, dass ihre Sündhaftigkeit die Ursache ihres Verderbens ist.
Wie Gott selbst das ewige Leben der Seligen ist, so sind die Teufel Mittelpunkt der Qualen und des ewigen Todes. Sie „herrschen über die Verdammten"[304] und dienen Gott als „Gerichtsvollzieher."[305] Sie sind die ständige Gesellschaft der Verdammten und verhöhnen sie wegen ihrer Schuld und Hoffnungslosigkeit.[306] Caterina nennt die Verdammten „Martyrer des Teufels."[307] Der Anblick des Teufels wiederum

---

Nichtchristen aufrichtig glauben, wie es auch keine Möglichkeit dafür bei „guten Heiden" gibt. Hier scheint sie nicht so weit gekommen zu sein wie Thomas von Aquin, der in S.th. II-II 10,1 sagt, dass „wenn ... Ungläubige [die vom Glauben nichts gehört haben und daher nicht freiwillig gewählt haben, nicht zu glauben] verdammt werden, dann ist es wegen anderer Sünden, die ihnen ohne Glauben nicht vergeben werden können, aber nicht aufgrund ihrer Sünde des Unglaubens."

301 Brief T184, an den Prior und die Brüder der Gesellschaft der Jungfrau Maria: „ewige Verdammnis, wo es überhaupt keine Hilfe mehr gibt ...".

302 Dialog 38. Dies ist auch die Quelle der nächsten drei Qualen.

303 Ebd. u.ö.

304 Brief T112, an Benedetta Salimbeni.

305 Dialog 43.

306 Brief T276, an eine Prostituierte in Perugia.

307 Dialog 51; Brief T76, an Giovanni di Bindo di Doccio. Der Dominikaner Humbert von Romans (13. Jahrhundert) hatte diesen Ausdruck in seiner Schrift *De vita regulari* gebraucht: „Wenn sie guten Willens und ohne Todsünde sind, sind sie Gottes Martyrer und bieten Gott ihren Leib als lebendige Opfer dar. Wenn sie jedoch aus

„verdoppelt jede andere Qual, … denn wenn sie ihn sehen …, erkennen sie, dass sie ihn durch ihre Sündhaftigkeit verdient haben. Und so nagt der Wurm weiter, und das Feuer des Gewissens hört nie auf zu brennen. Ihr Leiden ist umso größer, als sie den Teufel sehen, wie er wirklich ist – schrecklicher als das menschliche Herz sich vorstellen kann." Und dann das Feuer. „Dieses Feuer brennt ohne zu verbrennen, denn die Seele kann nicht verbrennen, weil sie nicht materiell ist (etwas, das im Feuer brennen könnte), sondern spirituell. … Und die entsetzlichen Schmerzen dieses qualvollen Brennens sind vielfältig wie die Sünden und sind mehr oder weniger schlimm im Verhältnis zur Schwere der Sünden."[308]

Bemerkenswert ist, dass Caterina kaum mit der Qual des *„Feuers"* befasst ist. Weil es der menschliche Wille ist, der in enger Verbindung mit dem Urteilsvermögen des Verstandes das ewige Leben oder den ewigen Tod wählt, er in enger Verbindung mit dem Verstand die eigentliche Quelle der Höllenqualen: „Ihr schlechter verderbter Wille brennt und verzehrt sie; er verursacht ihnen grausame Folter: Nagende, qualvolle Unruhe, Hass und Verachtung. Und all das verdienen sie wegen ihrer unwissenden Blindheit."[309]

Lüsternheit so fleißig arbeiten, sind sie wie Martyrer des Teufels und bieten ihren Leib dem Teufel als stinkendes Opfer dar." (Ich danke Stephen C. Córdova, dass er mich auf dieses Zitat aufmerksam gemacht hat.)

308 Dialog 38 ist die Quelle für die Aufzählung der vier Qualen, die hier im Einzelnen genannt werden.

309 Brief T75, an Francesco Montalcino.

Ewiges Leben

Während die Menschen ihrer Zeit von Höllenvorstellungen verfolgt wurden, war Caterina ganz von den Vorstellungen des Himmels als dem Ort des immerwährenden ewigen Lebens durchdrungen.[310] Auch hier bezieht sie ihre Bilder vor allem aus der Heiligen Schrift. So ist für sie der Himmel das immerwährende Hochzeitsmahl des Evangeliums, wo „der ewige Bräutigam dich empfangen und dich in großer Güte und Barmherzigkeit in die Arme schließen wird."[311] Dieses Bild liebte sie sehr aufgrund ihrer persönlichen Erfahrung der mystischen Hochzeit mit Christus in ihrer frühesten Jugend.[312]

Für Caterina stellt der Tod den Eintritt zu diesem Festmahl dar, besonders der Martyrertod, wenn sie z.B. für die Teilnahme am Kreuzzug wirbt. Als sie den Kopf des Niccolò di Toldo bei seiner Hinrichtung festhält, ermutigt sie ihn mit den Worten: „Auf zum Hochzeitsfest, mein lieber Bruder, denn bald wirst du im ewigen Leben sein."[313] Das Bild des Gastmahls schmückt sie aus mit Elementen aus den Erzählungen über Lazarus und die Syrophönizierin, um den Gegensatz zwischen dem Tisch dieses Lebens hervorzuheben, an dem wir nur Krumen bekommen, und dem Tisch des ewigen Lebens, an dem wir richtige Nahrung erhalten werden.[314] Sie nennt die Seligen oft die *verigustatori*, ein Begriff, der nicht leicht zu übersetzen ist. In meinen eigenen Übersetzungen habe ich ihn oft als „wirklich freudig" wiedergegeben, aber wörtlich heißt es „wahre Genießer", wobei anklingt, dass es sich um Kenner handelt, um „Gourmets" im

310 Die beiden Worte *immerwährend* und *ewig* sind bei Caterina in diesem Zusammenhang austauschbar, obgleich sie in bestimmten Redewendungen häufiger das Wort *immerwährend* verwendet, wie „der Tisch des immerwährenden Lebens" und das „Hochzeitsmahl des immerwährenden Lebens".

311 Brief T288, an Agnesa, der Gattin des Francesco di Pipino von Florenz.

312 So wird es in ihrer Lebensbeschreibung berichtet.

313 Brief T273, an Raimondo da Capua.

314 Brief T309, an Giovanna da Parma.

Hinblick auf Nahrung. So entsteht das Bild des Himmels als eines frohen Festmahls!

Eine weitere Serie von Bildern des ewigen Lebens hängt mit Jerusalem zusammen, der Stadt des Friedens, der Vision des Friedens, unserer wahren Heimat, in die wir durch den Tod siegreich „zurückkehren" werden. Die Begriffe sind biblischen Ursprungs, lassen sich aber nur schwer an einzelnen Textstellen festmachen.[315] Die Stadt Jerusalem, diese Heimatstadt, hat ein Eingangstor (*porta*), welches Christus ist und welches gleichsam durch das Vergießen seines Blutes im Gehorsam geöffnet wurde.[316] Sie besitzt einen Hafen (*porto*), in den wir auf dem Schiff des Gehorsams einlaufen, die Segel gestrafft durch den kräftigen Wind der Liebe.[317]

Das ewige Leben ist für Caterina daneben auch ein Ort der Ruhe, ein Bett, eine friedliche See.[318] Zweimal interpretiert sie den „Dritten Himmel", in den Paulus entrückt wurde (2 Kor 12,2), als Gegenwart der Allerheiligsten Dreifaltigkeit.[319] Das zeigt zwar auch ihre Vorliebe für Zahlenspiele, entscheidend aber ist für Caterina das Wesen Gottes selbst: das ewige Leben. Immer wieder sagt Gott im *Dialog* von den Seligen, „sie erfahren mich, das ewige Leben." Die Erklärung für diese Gleichsetzung ist im Kapitel 165 zu finden, wiederum ist es Gott, der spricht:

---

315 Einige Hinweise finden sich im Dialog 4 und ebd. öfter, andere in den Briefen T143, T161, T169, T173, T264, T297. Der Gebrauch des Wortes *zurückkehren* spiegelt die schon früher in diesem Kapitel beschriebene Vorstellung des Kreislaufs wieder, nach welchem die Zeit aus der Ewigkeit hervorgeht und zuletzt wieder in die Ewigkeit mündet.

316 Das Bild wird in voller Länge in der Abhandlung über den Gehorsam im *Dialog* entwickelt.

317 Im Brief T35, an Niccolò di Ghida, Frate Giovanni Zerri und Frate Niccolò di Vanuzzo von Montoliveto Maggiore, bezeichnet das Schiff das Ordensleben oder die Ordensregel und der Wind die Nächstenliebe. Im Brief T220, an Filippo di Vannuccio und Niccolò di Pietro von Florenz (auch von Monteoliveto Maggiore), bezeichnet das Schiff wiederum das Ordensleben oder die Regel, der Wind aber ist der Gehorsam. Im Brief T220, an Maddelena die Alessa, das Schiff das Kreuz, das Segel den Gehorsam und der Wind die Liebe.

318 Brief T129, an Bartolomeo Dominici.

319 Brief T286, an Alessa dei Saracini u.ö.; Dialog 153.

„Nichts kann dieses unendliche Gut ganz enthalten als es selbst, genau wie ein Gefäß, das ins Meer getaucht wird, nicht das ganze Meer enthalten kann, sondern eben so viel, als sein Fassungsvermögen reicht. Gleichermaßen bin ich, das Meer des Friedens, der einzige, der diesen Wert ganz fassen kann ... und ich teile die Freude und das Gut, das ich selbst bin ... mit jedem von euch gemäß eurem Fassungsvermögen. ... In meiner Gabe der vollkommenen Glückseligkeit erfährst und erhältst du so viel von meiner Güte, als dir zu begreifen gegeben wurde."

Die Erfahrung Gottes als Glückseligkeit wird weiterhin gekennzeichnet als *„Anschauung Gottes"*. Die Zweideutigkeit dieses Ausdrucks ist von eigener Bedeutung (Schau = Vision sowohl im italienischen Original als auch in englischer Sprache: es ist nicht nur „sehen", noch ist es nur eine „Vision"), wie Caterina ausführt:

„[Die Seligen] sehen deine Wahrheit vollkommen, ohne irgendeine Unvollständigkeit, durch ihre ewige Schau deiner selbst, ihre Teilhabe an deiner Schau, der Schau, mit der du dich selbst siehst. Denn du selbst bist das Licht, in dem du dich selbst siehst, und in dem deine Geschöpfe dich sehen."[320]

Hier stimmt sie mit Thomas von Aquin überein, der wiederholt sagt, dass die Glückseligkeit des ewigen Lebens in der Anschauung Gottes besteht.[321] Ist die himmlische Glückseligkeit also hauptsächlich ein intellektuelles Gut, während die Höllenqualen die Qualen des Willens sind? Nein. Für Caterina ebenso wie

320 Gebet 21.
321 S.th. III 92; Brief T252, an Papst Gregor XI, u.ö.

für Thomas ist die ewige Anschauung Gottes eine rein intellektuelle Seligkeit. Im *Dialog* drückt Caterina ihre Sicht der Vereinigung von Verstand und Willen so aus:

> „Sie verlangte danach, mich zu sehen, und nun sieht sie mich, und in dieser Anschauung besteht ihre Seligkeit. Weil sie mich schaut, erkennt sie mich. Weil sie mich erkennt, liebt sie mich. Weil sie mich liebt, erfreut sie sich an mir, dem höchsten ewigen Gut. Diese Freude erfüllt und befriedigt ihren Willen sowie ihr Verlangen, mich zu schauen und zu erkennen."[322] Daher gehört die Gleichförmigkeit des eigenen Willens mit dem Willen Gottes zu den höchsten Freuden der Seligen, eine „Freiheit, die mit den Ketten der Liebe so gefesselt ist, dass sie nicht mehr fähig ist zu sündigen."[323]

Das ewige Leben ist also „nichts anderes als Liebe, mit der wir Gott in seinem Wesen erfahren."[324] Diese Liebe bezieht sich notwendigerweise nicht nur auf alle, die an derselben Glückseligkeit teilhaben, sondern auch auf jene, „die noch unterwegs sind."[325] Auch ist die Intensität dieser Liebe der Seligen unterschiedlich, entsprechend jener, mit der sie auf Erden liebten, so dass sie „besonders jene Anteil haben lassen, denen sie auf Erden in besonderer Liebe nahe standen."[326] Die Fülle des ewigen Lebens ist für die Seligen unumkehrbar und für immer bestimmt von der Fülle der Liebe, mit der jeder im Augenblick des Todes ins ewige Leben eintritt. Sie kann nicht mehr zunehmen, denn die Zeit des Verdienstes ist vorbei. Die Glückseligkeit der Seligen ist in Intensität und Art die gleiche, die ihre Liebe auf Erden charakterisierte:

---

322 Dialog 45.
323 Dialog 41.
324 Brief T345, Giovanna di Mileto und an Terra Nuova.
325 Dialog 41.
326 Ebd.

> „Die Heiligen im ewigen Leben sind alle auf dem Weg der Liebe gewandelt, aber auf verschiedene Weise. So sind sie nicht alle gleich … Daher ist unter den Freuden, welche die Seele im ewigen Leben genießt, die Anschauung der Größe Gottes sowie all die verschiedenen Weisen, auf welche Gott sie belohnt."[327]

„Gott hat sie belohnt": Kann nach Caterinas Vorstellungen das ewige Leben also genauso verdient werden, wie der ewige Tod verdient wird? Auf den ersten Blick scheint das so zu sein, denn Caterina gebraucht oft Wörter wie „verdienen", „Verdienst" oder „erwerben". Wenn wir die betreffenden Texte aber genau anschauen, wird klar, dass das ewige Leben von uns nur „verdient" oder „erworben" werden kann, weil Christus mit seinem Blut zuvor schon den „Preis" bezahlt hat.[328] An Pontella von Neapel schreibt Caterina deshalb: „Nachdem wir durch sein Blut erlöst worden sind, helfen uns die Früchte aller Tugenden, das ewige Leben zu erwerben."[329] Was wir mit unseren guten Werken tun – und tun müssen – ist, das „Erbe verdienen", das uns durch Christus schon längst geschenkt worden ist. Ohne das freiwillige Geschenk der Erlösung und der Gnade, könnten wir es unmöglich „verdienen".

Wie „verdienen" wir uns also das ewige Leben? Nach Caterinas Auffassung geschieht dies vor allem durch die Liebe, die das Hochzeitsgewand ist (vom Blut Christi gefärbt), das wir für den Eintritt ins Hochzeitsmahl als Gewand anlegen müssen.[330] Die-

327 Brief T39, an Jacomo, einen Kartäuser.

328 In Caterinas Denken spielt die Kirche als Spenderin der Gnaden des Blutes Christi und des ewigen Lebens eine zentrale Rolle. So schreibt sie an Papst Gregor XI: „Gott hat es in eure Hände gegeben, das Erbe [des ewigen Lebens] zu vergeben oder zu nehmen, so wie es eurer Güte gefällt." (Brief T218) Eine Erörterung der Frage nach der Rolle der Kirche hinsichtlich des ewigen Lebens geht aber über den Umfang dieses Textes hinaus.

329 Brief T354.

330 Brief T36, an Pietro Canigiani: „Ohne dieses Kleid [die Liebe] können wir keinen Eintritt erlangen zum Hochzeitsmahl des ewigen Lebens, zu dem wir geladen

se Liebe, die durch das Kreuz Christi errungen wurde, wird uns nur dann vollständig zuteil, wenn wir Anteil haben am Kreuz Christi.[331] In der Tat würden jene, die vollkommen sind, das ewige Leben gar nicht anders erlangen *wollen* als durch das Kreuz, selbst wenn es anders möglich wäre.[332] Diese Liebe müssen wir dadurch unter Beweis stellen, dass wir sie anderen Menschen erweisen, besonders denen, die ihrer am meisten bedürfen. An Lodovica di Gnanello schreibt Caterina: „Die Armen sind die Hände … die uns voranführen zum ewigen Leben."[333]

Jüngstes Gericht und Auferstehung

Ewige Belohnung oder ewige Strafe sind nicht für körperlose Seelen gedacht. So kommen wir jetzt zu Caterinas Vorstellungen vom Ende der Zeiten, wenn Christus wiederkommen wird, um die Welt zu richten. Bei diesem allgemeinen Gericht werden Tugend und Sündhaftigkeit eines jeden Menschen offenbar zur Freude oder Trauer der „ganzen Welt, der englischen Scharen und aller Bewohner des ewigen Lebens"[334], und – was das Wichtigste ist – zur Freude oder Trauer des Menschen Christus. Der Christus beim Jüngsten Gericht wird derselbe Christus sein, der starb und auferstand, um den Preis zu „zahlen", der nötig war, um das Menschengeschlecht und jeden Einzelnen

sind. Nein, wir würden ausgestoßen und zu unserer größten Schande vom ewigen Leben verbannt werden."

331 Brief T39, an Jacomo, einen Kartäuser: „So wirst du das ewige Leben in deinen Schmerzen in diesem irdischen Leben erfahren … Du, der Diener, willst keinem anderen Weg folgen als dem, den dein Meister ging … Du siehst, dass die Heiligen ihn gingen, und das Himmelreich, das ewige Leben, wird nicht mit Vergnügen erkauft. Nein, das Gottesreich wird durch freiwillige Armut erkauft und verdient und dadurch, dass du dein Vergnügen in Schmerzen findest und darin, viel zu leiden."

332 Dialog 84 u.ö.

333 Brief T304.

334 Brief T110, an Stricca di Cione Salembeni.

von der Verbannung durch die Sünde zu erlösen. Deshalb erwartet ihn jeder Mensch und wird ihn einmal mit den Augen der Treue oder der Schande erkennen. Denen, die seine Erlösungstat verachtet haben, wird er schrecklich erscheinen und zu Recht zornig, den Gerechten aber liebevoll und barmherzig.[335] Sowohl die Seligen als auch die Verdammten werden am Jüngsten Tag mit ihrem Leib auferstehen. Caterinas Beschreibung dieser Auferstehung zeigt ihr dualistisches Verständnis von Leib und Seele. Der Leib ist etwas, das die Seele „hat" – die „Borke" des Baumes im Gegensatz zu seinem „Mark"[336]. Sie ist lediglich ein „Gewand"[337]. Der Leib ist ein „Geschenk", das die Seele sich nach dem Tod wünscht, das aber zu ihrer Glückseligkeit oder zu ihrem Schmerz nicht notwendig ist.[338] Der Leib wird nicht der Seele wegen auferweckt, sondern um seiner selbst willen, damit er Anteil habe an Belohnung oder Bestrafung der Seele, wie er auch daran Anteil hatte, diese zu verdienen.
Alles, was Caterina zur Auferstehung des Leibes zu sagen hat, findet sich vornehmlich in zwei Kapiteln in ihrem *Dialog*[339]. Das hier Gesagte klingt darüber an in einigen Stellen in zwei Briefen und in einem Gebet. Können wir daraus schließen, dass Caterina der kosmische Aspekt der Ewigkeit wenig interessiert? Ist für sie das Wesentliche der Erlösung geschehen, wenn die Seele ihre ewige Heimat sicher erreicht hat? Oder zeigt ihr Schweigen über diese Dinge, dass sie glaubt, ihre Adressatinnen und Adressaten würden von ihren Gedanken darüber nicht angesprochen werden? Warum würden sonst Tod und persönliches Gericht, ewiges Leben und ewiger Tod in ihren pastoralen Briefen so stark betont und die Ewigkeit nach dem Ende der Zeit so wenig? Auf jeden Fall sagt sie im *Dialog* nichts, was nicht der Tradition entspräche.

---

335 Dialog 41.
336 Z.B. Dialog 42.
337 Dialog 41.
338 Ebd.
339 Dialog 41f.; Briefe T110 und T341; Gebet 20.

Das Leiden der Verdammten wird dadurch verstärkt, dass sie mit leiblichen Augen „sehen, wie ihr eigenes Geschlecht, dieser Erdenstaub, in der Menschheit Christi über alle Engel erhöht und mit seiner Gottheit vereint wird."[340] Angesichts der Barmherzigkeit, die ihnen angeboten wurde und die sie ihren Mitmenschen verweigert haben, wird ihnen dieses Versagen zur Qual. Der Anblick der Seligen wird ihnen zum Vorwurf, dass sie das ewige Leben selbst verspielt haben. Die Verurteilung, die sie im Augenblick des Todes geistig erfahren mussten, erhält physische Dimensionen, an denen ihr Leib Anteil hat.

Diese Leiber werden sichtbar die Kennzeichen ihrer Übeltaten tragen und unterschiedlich leiden, je nach der Art der Sünde. Die Geizigen werden erstickt in den Besitztümern, die sie einst sündhaft begehrten. Die Gewalttätigen werden mit Gewalt überhäuft, die Lüstlinge mit Lust, die Ungerechten mit ihrer eigenen Ungerechtigkeit.[341] Während Caterinas Beschreibung hier lebhaft ist, nennt sie die Details nicht im Sinn der grauenhaften Vorstellungen der Höllenqualen, die in der Kunst jener Zeit dargestellt werden, sondern vielmehr als *theologisches* Urteil, da die Verdammten genau dasjenige Böse erleiden müssen, das sie anderen zugefügt haben.

Im Gegensatz hierzu ist für die Seligen der erste Anblick des verherrlichten Leibes Christi – als Garantie und Vorbild ihrer eigenen leiblichen Verklärung – eine unerwartete Freude.[342] Alles, was sie auf Erden erlitten haben, wird ihre Leiber nun schmücken *„wie auf Stoff gedruckte schöne Muster"*, wie das Abbild eines Gesichtes im Spiegel[343], so wie die Wundmale Christi nach seinem Leiden sein Schmuck waren.[344] Wie der Leib Christi werden diese verklärten Leiber jetzt unsterblich, fein und leicht,

340 Dialog 42.
341 Ebd.
342 Dialog 41.
343 Dialog 42.
344 Dialog 41.

beweglich und durchsichtig, nicht aufgrund der eigenen Kraft der Seele, sondern durch Gottes Macht, in jener Gnade, die er ihnen in derselben unaussprechlichen Liebe schenkt, mit der er sie nach göttlichem Ebenbild und Gleichnis erschuf. [345]
Durch Gnade, durch unaussprechliche Liebe, ... aus Gottes Ewigkeit ... von Beginn der Schöpfung bis zum Jüngsten Tag eingeladen zum ewigen Hochzeitsmahl der Liebe ... in das Blut Christi gekleidet ... , um mit Leib und Seele an Gottes Schönheit und Güte Anteil zu haben. Das sind Caterinas Vorstellungen von der Ewigkeit – und von der Zeit.

345 Ebd.; anscheinend gibt das nicht ganz die Ansicht des Thomas von Aquin wieder, wie er sie z.B. in der S.th. I 97, 3 formuliert: „Aber im letzten Stadium nach der Wiederauferstehung wird die Seele zu einem gewissen Grad dem Leib das mitteilen, was ihr als Geist zu eigen ist: Unsterblichkeit für alle, Durchsichtigkeit; Herrlichkeit, Macht zum Guten, so dass auch die Leiber *geistlich* genannt werden."

TEIL II

DIE ZUKUNFT DOMINIKANISCHER IDENTITÄT UND SPIRITUALITÄT

Caterina von Siena über das dominikanische Motto „Laudare, benedicere, praedicare“

Über die Entstehung des dominikanischen Mottos „laudare, benedicere, praedicare“ berichtet Jordan von Sachsen in seinem *Büchlein von den Anfängen des Predigerordens* wie folgt: „Ein päpstlicher Legat besuchte in den Anfängen des Ordens den Konvent der Brüder in Bologna. Im Zweifel darüber, ob diese ‚neue und ungewöhnliche Art des Ordenslebens‘ eine legitime Berechtigung habe, unternahm er nach mittelalterlicher Art ein Gottes-Urteil, indem er wahllos ein Messbuch aufschlug. Dort, in der Präfation zum Fest der hl. Jungfrau Maria, fiel sein Blick auf die Worte „Te … laudare, benedicere et praedicare …“ und aus dem Zweifler wurde ein Förderer des Ordens. Die Brüder griffen die „Entdeckung“ des Legaten auf; der Orden hatte ein Motto und eine Zusammenfassung seiner Identität und Spiritualität.“[1] So taucht dieses Motto in der dominikanischen Literatur bereits in der Mitte des 13. Jahrhunderts im Kommentar zu den Konstitutionen des Ordens von Humbert von Romans auf.

Was könnte Caterina von Siena zu unseren Überlegungen einer dominikanischen Identität und Spiritualität des Lobens, des Segnens und des Verkündigens heute beitragen inmitten kriegerischer Auseinandersetzungen zwischen Nationen, in einer Welt voller Spannungen, Ängste und Hoffnungslosigkeit; auf dem Hintergrund neuer problematischer ethischer Fragen; in einer Zeit, in der der Durst nach Spiritualität und Transzendenz wächst und ein globales Bewusstsein entsteht und gleichzeitig

1 Libellus fol. 43. Vgl. Jordan von Sachsen, Büchlein von den Anfängen des Predigerordens, in: ders., Von den Anfängen des Predigerordens, hrsg. von Wolfram Hoyer (Dominikanische Quellen und Zeugnisse Bd. 3), Leipzig [2]2003, 27-95.

religiöser Fundamentalismus und Fanatismus Spaltungen verursachen?

Mit einer Ausnahme, in der sie den Titel „Predigerbrüder“[2] benutzt, zitiert Caterina unser Motto in keiner ihrer Schriften oder bezieht Loben, Segnen oder Predigen auf die Dominikaner. Allerdings gibt es einen Brief von ihr, in dem uns der Gehalt und der Sinn unseres Mottos vor Augen geführt wird und der unser gemeinsames dominikanisches Selbstverständnis anspricht.

Der fragliche Brief (T315) ist nicht an einen Dominikaner, sondern an den Kartäuser Pietro da Milano adressiert. Wir wissen über ihn nichts außer dem, was wir aus den beiden von Caterina an ihn gerichteten Briefen herauslesen können. Ende 1378 oder zu Beginn des Jahres 1379 schrieb Pietro an Caterina und bat sie, sich seiner Sünden anzunehmen, wie sie es ihren Anhängern oft angeboten hatte. In diesem Brief wies er auch auf seine Bereitschaft hin, sich am Kreuzzug zu beteiligen und sein Leben für Gott und das Heilige Land zu opfern. Caterina antwortete, dass sie gerne die Last seiner Sünde auf sich nehme und versprach ihm, sich beim Papst für ihn wegen der Erlaubnis zur Beteiligung am Kreuzzug zu verwenden, wenn der Zeitpunkt dafür gekommen sei.[3] Vermutlich kurz danach schrieb sie ihm ihren zweiten Brief, den bereits genannten Brief T315.

Dieser Brief ist der einzige Ort, an dem Caterina Loben und Segnen aufeinander bezieht und auch die einzige Stelle, an der

---

2 Caterina sagt Weniges, aber sehr Deutliches über die Predigt. Auf das Loben bezieht sie sich – mit einer Ausnahme (Brief T315) – nur gelegentlich und beiläufig. Was das Segnen angeht, segnet sie sehr oft die Adressatinnen und Adressaten ihrer Briefe und bittet diese, einander zu segnen und – wenn sie Priester sind! – auch sie persönlich. In ihren Gebeten bittet sie Gott häufig um Segen für sich selbst, ihre Freunde und Jünger, einschließlich der Priester und sogar des Papstes. Das Objekt des Segens im dominikanischen Motto ist allerdings Gott („Dich, Gott, loben, segnen und verkünden …“). Nur an zwei Stellen spricht Caterina über das „Segnen Gottes“ als des Segnenden. Im Gebet 3 verbindet sie unser Segnen Gottes ausdrücklich mit dem Segen Gottes für uns:

3 Brief T331: „Ich segne dich, o ewiger Vater, damit du diese deine Diener segnen mögest …“. Die andere Stelle befindet sich wieder im Brief T315.

sie entfaltet, was ihrer Auffassung nach Loben und Segnen bedeuten. Sie spricht zwar nicht ausdrücklich über das Predigen, ihr originäres Anliegen ist es jedoch, eine Art „Predigt", d.h. ein öffentliches Zeugnis, von Pietro zu verlangen. Die Inhalte dieses Zeugnisses waren auch damals umstrittene und polarisierende Themen: Erstens ist Caterina davon überzeugt, dass Pietro, obwohl er Mönch ist, an seinem Entschluss festhalten sollte, sich für den geplanten Kreuzzug gegen die Türken aufstellen zu lassen, einem Unternehmen, von dem sie naiv glaubte, dass es die Christen einigen, die Moslems zur Kirche führen, dadurch kirchliche Reformen anstoßen könne und viele der Kreuzfahrer mit dem Martyrium krönen würde. Zweitens erwartet sie von Pietro, dass er öffentlich für die Rechtmäßigkeit Papst Urbans VI. eintritt, der sich, wie einer der Anhänger Caterinas an sie schrieb, nachdem er wenige Monate zuvor gewählt worden war, „zum wahren Monster" entwickelt und mit seinem Verhalten den Ausbruch des großen abendländischen Schismas provoziert hatte. Wie überaus ironisch wirken diese beiden Themen auf dem Hintergrund heutiger gesellschaftlicher, kirchlicher und interreligiöser Spannungen, in die hinein wir heute zum Loben, Segnen und Verkündigen berufen sind!

Caterina beginnt ihren Brief mit dem Wunsch, Pietro möge Gott allezeit loben und segnen.[4] Sie fährt fort: „Dieses Gott geschuldete Lob können wir aber nur darbringen, wenn wir das Licht haben; denn darin erkennen wir, *was lobenswert, und was zu tadeln ist.*"

Halten wir einen Augenblick inne, um nachzudenken:

- Wen oder was haben Sie in der letzten Zeit gelobt? Wen oder was haben Sie getadelt?
- Wie merken und entscheiden Sie, wann Sie loben und wann Sie tadeln wollen? Welches sind Ihre Kriterien für Lob oder Tadel?
- Wie gehen Sie mit Lob und Tadel um?

4 Brief T315.

Ich, für meine Person, muss zugeben, dass mein Loben und Tadeln, obwohl sie spontan kommen, meist aus lange in mir rumorenden und manchmal ungeprüften Haltungen und Überzeugungen stammen. Caterina sagt, dass wir unterscheiden müssen, „was lobenswert, und was zu tadeln ist." Unterscheidung der Geister[5], wie sie sie im *Dialog* darstellt, ist ein ausgezeichnetes und hervorragendes Instrument. Sie ist „das Licht, das jegliches Dunkel verscheucht, die Unwissenheit beseitigt ... Sie besitzt die Klugheit, die sich nicht irreführen lässt."[6] Die Unterscheidung der Geister ist ein Spross der Barmherzigkeit, verwurzelt in Selbst- und Gotteserkenntnis[7], in aufrichtiger Einschätzung dessen, was Gott, uns selber und dem Nächsten zusteht. Diese Unterscheidung bringt eine „lebensspendende Frucht" hervor: die „Bereitwilligkeit, jedem das zukommen zu lassen, was ihm zusteht."[8]

Unsere persönliche Erkenntnis und unser Unterscheidungsvermögen sind jedoch nicht immer hervorragend aufgestellt! Wenn unsere Welt dadurch, dass wir ständig mit uns selber beschäftigt sind, begrenzt und eng wird, wird der Radius, in dem wir uns bewegen zu klein, um überblicken und unterscheiden und die volle Wahrheit über uns selbst, über Gott und alles andere und jeden anderen erfassen zu können. Wenn wir aber Wirklichkeit und Wahrheit nicht kennen und nicht verstehen, können wir nicht lieben, und wenn wir nicht in rechter Weise lieben, bleibt uns der Sinn des Lobens und Tadelns verschlossen. „Wenn die Wahrheit nicht erkannt wird", erklärt Caterina

5 Obwohl Caterina in ihren frühen Schriften gelegentlich auf die Unterscheidung der Geister zu sprechen kommt (durch das Substantiv *discrezione* und das Verb *discernere*), beginnt sich ihr Nachdenken über das Thema erst in den letzten drei Jahren ihres Lebens voll zu entwickeln und zu wachsen. Bis dahin gibt es nur 4 Erwähnungen; ab der Mitte des Jahres 1377 erscheint das Thema in 44 Briefen, im *Dialog* und in vier Gebeten und wird dort reich entfaltet.

6 Dialog 11.

7 Dialog 9.

8 Ebd.

Pietro kurz und bündig, „wird sie nicht geliebt. Das ist der Grund, warum solche Menschen Gott nicht loben und seinen Namen nicht segnen."[9]

Caterina nennt diese Verengung der Erkenntnis und des Bewusstseins „die Wolke der Ichbezogenheit" oder „egoistische Selbstliebe". Diese Ichbezogenheit bezeichnet nicht nur jene Art von Egozentrik, in der wir das Wort ‚Ich' zu oft gebrauchen oder ständig Aufmerksamkeit für uns selber erheischen. Sie meint das Leben in einem Universum, in dem wir meinen, das Zentrum zu sein; jede Entscheidung solle unmittelbar darin wurzeln, was *uns* gefällt oder was *wir* nicht mögen, was *uns* nützt oder schadet. Egoistische Selbstliebe „vergiftet die Seele und verdirbt den Geschmack am heiligen Verlangen … Sie macht die Seele blind und lässt sie die Wahrheit nicht erkennen und unterscheiden."[10] Die Ichbezogenheit verleitet dazu, Gott und den Nächsten „mit Missmut, Missfallen und Vorurteilen zu begegnen." In solcher Weise beurteilen egoistische Menschen „alles nach ihrer niedrigen und schlechten Meinung und Anschauung und nicht nach der Wahrheit … Die Eigenliebe ist eine Wolke, die ihnen das Licht zwar nicht vollständig nimmt – es bleibt noch ein kleiner Schimmer – doch die Sonne selbst sehen sie nicht."[11] Zu allem Übel kommt noch hinzu, dass die Ichbezogenheit „uns nicht verunreinigt und vergiftet, ohne auch gleichzeitig die anderen zu vergiften und zu verderben."[12]

Wäre es nicht schön, wenn wir diese Wolke der Eigenliebe mit einer Handbewegung wegscheuchen könnten! Aber sie hat sich in unserem geistigen Sehorgan wie ein hartnäckiges Staubkorn eingenistet, wie ein grauer Star, wie eine Infektion. Diese Verdunkelung ist sehr subtil, denn sie weiß sich oft „mit dem Man-

9 Brief T315.
10 Ebd.
11 Ebd.
12 Brief T312, an die Königin von Neapel.

tel des Geistes zu verkleiden und als geistige Liebe auszugeben."[13]

Caterina verwendet in ihrem Brief an Pietro viel Zeit darauf davor zu warnen, dass sich diese Egozentrik auf drei charakteristische Weisen hinter Werten verstecken kann, die in sich allerdings gut sind: sensibles Bewusstsein, geistlicher Friede und Wissen. Die Ichbezogenheit kann sich unter diesen Werten verstecken wie unter einer Tarnkappe!

Zum einen kann die Ichbezogenheit ein sensibles Gewissen als Mittel und Falle benutzen und uns vormachen, dass wir jedes Risiko meiden sollten, selbst wenn wir sicher sind, dass wir in einer Angelegenheit Stellung nehmen oder handeln sollten. Wir *könnten* uns ja irren, wir *könnten* einen Fehler machen, wir *könnten* gegen Gottes Willen handeln. Wir haben das alle schon erfahren, auch Caterina! „Du hast deinen Stand verändert, um dich zu bessern, und jetzt bist du schlimmer geworden"[14], sagen wir uns. So schreibt sie an Kardinal Niccolò da Osimo: „Oft geschieht es, wenn wir uns um etwas mühen und die Dinge nicht den gewünschten Erfolg bringen, dass uns Widerwille und Traurigkeit befallen; und wir sagen uns dann: ‚Ach, es ist doch besser für dich, du gibst das Ganze auf. So lange schon hast du dich darum bemüht, und es kommt zu keinem Ende. Schau lieber auf den Frieden und die Ruhe deines Herzens.' … ‚Eigentlich schade ich eher, als dass ich Gutes tue. Daher möchte ich mich zurückziehen; nicht wegen der Anstrengung, sondern weil ich nicht sündigen will!'"[15] Caterinas eigene Meinung zu solch einer Einstellung finden wir in einem Brief an Sano di Maco: „Du könntest mir sagen: ‚In Zeiten besonderer Mühen habe ich das Gefühl widerspenstig zu sein und rebellisch gegen Gott, und darüber bekümmere ich mich mehr als über das Leid.' Meine Antwort lautet, dass dies ebenso aus deinem geist-

13 Brief T315.

14 Ebd.

15 Brief T282.

lichen Egoismus kommt wie alles andere, was dir schlechte Gefühle macht! Diese Leidenschaft hat dir unter dem Vorwand der Furcht, gegen Gott zu handeln, Sand in dein geistiges Augenlicht gestreut … um dich von rechter Unterscheidung und Erkenntnis der Wahrheit abzuhalten!"[16] Aus dieser Angst vor Irrtum und Fehlern, erklärt sie Pietro, betäuben wir letztlich unsere Sensibilität für jeden Aufruf zum Wagnis und sitzen so nur unbeweglich da, gefesselt mit der „Kette der Apathie."

Der zweite Deckmantel, unter dem sich die Ichbezogenheit gerne versteckt, ist das Verlangen nach Selbstgenügsamkeit, das sich als Sehnsucht nach geistlichem Frieden ausgibt. Liebe zum Nächsten und Dienst für andere sollten sowohl eine Quelle der Freude als auch ernste Verpflichtung sein, sagt Caterina, aber körperliches Wohlbehagen und egozentrischer geistlicher Genuss, die wir in Einsamkeit und Gebet finden, lässt den Dienst am Nächsten als abstoßend und qualvoll erscheinen. „Dieser Mantel der Täuschung hat so schöne Farben und ist so angenehm, dass sich die Unwissenden mit ihrem wenigen Licht, das sie besitzen, vollständig den Kopf anstoßen. Noch schlimmer sind diejenigen dran, die das nicht erkennen und es denen nicht glauben wollen, die darum wissen, und sich auch nicht damit abmühen, es sich zeigen zu lassen. Selbst wenn es ihnen gezeigt wird und sie es nicht mehr leugnen können, bemühen sie sich nicht, sich in angemessener Weise davon zu befreien. Wie geblendet vom eigenen Vergnügen hüllen sie sich in ihre Lauheit."

Jene, die sich dem Anruf durch die Nöte anderer verschließen, enden darin, wenig zu geben und wenig zu empfangen. Wenn sie moralisch gedrängt werden, ihr frommes Leben aufzubrechen, um ein winziges Stück Welt einzulassen, meinen sie, sie würden „Gottes beraubt" werden. Sie behaupten: Ich möchte nicht ohne Nächstenliebe sein und möchte nicht ohne diese angenehme Liebe auskommen. Eher möchte ich sterben. Aber

16 Brief T62, an Sano di Maco.

„(bei den Taten der Nächstenliebe) fühle ich mich nicht gut; mein Geist ist abgelenkt und ich spüre dabei nichts als Dunkelheit, Ungeduld und Unruhe; außerdem ist mir der, den ich lieben soll, nur lästig und unangenehm. Mir scheint, dass ich so weder ihm noch mir helfen kann. Deswegen ist es besser für mich – und ich habe dann eher das Empfinden, dass ich lieben würde –, wenn ich friedlich für mich bleibe.“

Darin zeigt sich, so meint Caterina, dass solche Leute blind sind und nur bis in die Morgendämmerung schauen können. „Wie kann ich sagen, ich liebe meinen Nächsten, wenn ich mich in seiner Not von ihm abwende und um meines eigenen Trostes willen an ihm vorbeiblicke? … Wie kann ich sagen, dass ich nicht lüge, wenn ich behaupte, die Hilfe für meinen Nächsten … würde mich mit Bitterkeit erfüllen und meinen Verstand beunruhigen? … Wenn jemand Situationen und Menschen, die seiner Hilfe bedürfen, flieht, weil er dadurch seine ichbezogene Ehrsucht überwinden könnte, so wäre eine solche Flucht eine feine und nützliche Sache. Doch ist es eher so, dass er bei dieser Flucht sein Ich weiterhin mitnimmt.“[17]

Im *Dialog* erklärt Gott, dass die größere Sünde darin besteht, sich zu weigern, die eigenen geistlichen Tröstungen zu Gunsten der Hilfsbedürftigkeit des Nächsten zurückzustellen![18] Als Caterinas Eremiten-Freund William Fleet es ablehnte, seine Wälder zu verlassen, als sie ihn benachrichtigte, dass er in Rom gebraucht würde, schimpfte sie: „Wie gering ist doch jemand mit dem Geist Gottes verbunden, wenn ihm dieser Geist wegen eines Ortswechsels verloren geht!“[19]

Der dritte Deckmantel, unter dem sich die Ichhaftigkeit verbirgt, könnten wir als eine Art von Schein-Erkenntnis verstehen, die uns vom Gehorsam abhält. Echter Gehorsam bezieht jede Haltung und jede Entscheidung auf die Wahrheit Gottes,

17 Brief T315.
18 Dialog 69.
19 Brief T328.

prüft und begründet alles in dieser Wahrheit. Caterina nennt diese Schein-Erkenntnis, die uns vom rechten Gehorsam abhält, „falsches Urteilen“. Gott, so erklärt sie Pietro, verlangt von allen Menschen Gehorsam, „von Laien und Ordensleuten, Oberen und Untergebenen und von Alten und Jungen. Denn in jedem Stand müssen wir immer und überall – auf jede Weise Gott preisen indem wir die Tugenden überzeugt leben und wenn nötig auch durch Worte, sei es im Trost oder im Leid, im geistigen Frieden oder in Qualen oder Kriegen.“ Es gibt keinen echten Gehorsam ohne die Unterscheidung der Geister.

Für Caterina ist diese Unterscheidung nicht nur eine persönliche, sondern auch eine gemeinschaftliche Angelegenheit. „Gibt es irgendeinen Diener Gottes, der so sehr erleuchtet ist, dass er besser sieht als alle anderen?“, fragt sie den Abt Giovanni di Gano. Nein, ist ihre Antwort, einen solchen Menschen gibt es nicht „Niemand ist so erleuchtet, dass er nicht immer auch das Licht anderer benötigt.“ Und das oft. Der Austausch der Einsichten ist wesentlich, um „die Ordnung der Liebe zu leben und daran teilzuhaben. Daran sehen wir auch, dass das Licht und die Größe der Wahrheit nicht begrenzt, sondern unendlich ist.“[20]

Was Caterina das „falsche Urteilen“ nennt, verleitet uns jedoch dazu, unsere persönliche Erkenntnis an die oberste Stelle zu setzen und zu meinen, dass wir mehr wissen als wir tatsächlich wissen können, als besäßen wir das Monopol auf die Wahrheit. Aber wenn wir wachsam wären, schreibt sie, würden wir „den Wurm der selbstherrlichen Anmaßung entdecken“, eine „verdorbene Selbstherrlichkeit“, in der wir wie „Richter zu Gericht sitzen und Urteile nach unseren eigenen Kriterien fällen, anstatt nach Gottes Geheimnissen und den heiligen Wegen, auf denen Gott wirkt.“ Wir „versuchen, dem Heiligen Geist, Regeln vorzuschreiben, der doch selbst die Regel ist und Regeln ausgibt.“

20 Brief T250.

Wir wollen dann, „dem Einen, der nicht eingegrenzt werden kann, Grenzen vorschreiben."[21]
Diese Haltung stellt eine ausgesprochen gefährliche Falle dar; sie ist ein „verlockender Haken" für jene, die doch berufen sind, die Wahrheit zu predigen! Wenn wir uns zu sehr auf unsere eigenen Einsichten verlassen, kann uns unser ganzes Wissen „zur Lüge verführen, indem wir uns zum Richter über die Absichten der anderen erheben, über die nur Gott allein urteilen kann."[22] Unsere Wahrnehmung wird „so verzerrt, dass wir oft meinen, Gott zu dienen, wenn wir in Wirklichkeit durch den eigenen Stolz getäuscht werden."[23] Selbst wenn andere sich irren und wir Recht haben sollten, würden wir, wenn wir „in wahrhaftiger Selbsterkenntnis gegründet wären, uns unserer Einschätzung schämen, weil wir merken, dass dies vermessen ist, so als ob wir Gott Vorschriften machen wollten." Wir würden stattdessen „versuchen, Mitleid zu haben." Wir würden nicht „herumlaufen voller Einbildungen und Fantasien und unser Gedächtnis mit allen möglichen Vorstellung darüber verstopfen, was wir zu erkennen glauben. So dumm und idiotisch und überheblich handeln die Menschen", sagt Caterina. „Sie besitzen noch nicht einmal Kenntnis über sich selbst und wollen doch die Angelegenheiten anderer begutachten unter dem Vorwand, damit Gutes zu tun! ... Nachdem sie in ihrem Herzen ein harsches Urteil gefällt haben, rülpsen sie den Gestank ihrer Schimpfereien heraus, so dass ihr Verstand dumpf und leer wird und sich über Gott und den Nächsten empört."[24]
Caterina erklärt Pietro: Nur wenn wir aus freiem Entschluss „das Fenster unseres Willens" öffnen, damit „die Sonne in das Haus unserer Seele eindringen kann, zerschmilzt jede Kälte und Lauheit des Herzens mit seiner (Christi) Wärme", und wenn

21 Brief T294, an Sano di Maco.
22 Brief T65, an Daniello da Orvieto.
23 Brief T1, an Matteo di Tomuccio da Orvieto.
24 Ebd.

wir gerecht handeln und „Gott die Ehre erweisen und Lob und Ruhm dem Wort des ewigen Vaters, nämlich Jesus Christus. Sich selbst hasst die Seele und macht sich Vorwürfe. Sie stellt die eigene geistliche oder weltliche sinnliche Leidenschaft bloß, wenn sie sich dagegen zu sträuben versucht, dem Nächsten das Gebührende zu geben. Sie muss ihm Liebe und Wohlwollen entgegenbringen und ihn in Zeiten der Not liebend unterstützen und seine Fehler ertragen, nicht nur mit Worten, sondern auch in Taten, und sich selbst zurückstellen."[25]

Wenn wir also Gott wahrhaftig loben und segnen wollen, müssen wir nach Caterinas Auffassung zuerst unsere Ichbezogenheit anprangern. Wie der amerikanische Comic-Strip-Charakter Pogo so weise verkündet: „Wir haben den Feind erkannt, und der sind wir selbst!" Die Ichbezogenheit verdunkelt unsere Erkenntnis. Die Ichbezogenheit verhindert, dass wir den größeren Zusammenhang sehen, der weit über unsere bloßen Vermutungen, ja sogar über unsere Erkenntnisfähigkeit hinausgeht. Die Ichbezogenheit macht uns unfähig, die Erkenntnisse anderer zu sehen und zu akzeptieren. Sie verleitet uns, unser individuelles Interesse dem gemeinsamen Wohl vorzuziehen. Die Ichbezogenheit schürt in uns die Angst vor Fehlern und macht uns teilnahmslos in allem, was uns nicht persönlich betrifft.

Hier ist der Punkt, an dem Unterscheidung wesentlich wird. „Ohne das Licht", sagt Caterina Pietro, „würden wir von der Finsternis getäuscht werden, Weiß erschiene uns als Schwarz und Schwarz als Weiß." Nur das Licht ermöglicht uns Unterscheidung und Urteil und darum auch in rechter Weise „zu tadeln", wenn es nötig ist und „zu loben und zu segnen."

Das Licht ist aller Vernunft voraus und für den Gläubigen wird die Vernunft durch Glauben geformt. Wenn wir einmal ganz „Ja" zu Gott gesagt haben können wir nichts und niemanden

25 Brief T315.

mehr so sehen und einschätzen, wie vor diesem „Ja". Der Glaube ist mehr als eine Sammlung von Glaubenssätzen. Glaube besteht nicht nur in der verstandesmäßigen Zustimmung zu einem Bekenntnis. Er beinhaltet eine radikale Neuausrichtung des Lebens. Letztlich ist das Licht des Glaubens Gott selber, das Feuer des Geistes der Barmherzigkeit, das in der Weisheit Gottes glüht; es ist sein Wort: menschgeworden und gekreuzigt.

„Christus", so erklärt Caterina an Pietro, „ist die Sonne der Gerechtigkeit, die jede Seele, die von ihr erleuchtet werden will, erleuchtet. Daraus ergibt sich, dass wir das Licht in seinem Licht sehen."[26] Er, die menschgewordene Weisheit, baute den Weg zur Wahrheit und zementierte ihn mit seinem eigenen Blut, indem er sein Leben hingab. „Wie sollen wir diese Straße gehen?", fragt sie. „So wie er, der diese Straße geebnet hat. Und wie ging er? Im Licht – das er selber war – bedachte er den Willen seines himmlischen Vaters; nach diesem Willen enthüllte er Gottes ewige Wahrheit zu unserer Rettung. Diese Wahrheit heißt, dass Gott uns geschaffen hat, damit wir am himmlischen Leben teilhaben und glücklich werden in seiner einzigartigen ewigen Güte. Wegen der Sünde konnte sich diese Wahrheit nicht verwirklichen. Damit sie sich entfalten kann, musste die Sünde vernichtet werden."[27]

Auf der Suche nach unserer dominikanischen Identität wirkt diese Aussage Caterinas wie eine Kampfansage. In ihrer Bildersprache benutzt sie das Bild des Krieges, der jedoch kein Krieg gegen menschliche Gegner ist. Christus „kämpfte" am Kreuz mit der Sünde, um das Leben aus der Umklammerung des Todes zu befreien. Sein und unser Kampf richtet sich gegen „Mächte und Gewalten" (Eph 6,12), gegen alles Tadelnswerte, gegen das, was sich der Verwirklichung der göttlichen Wahrheit in uns und in unserer Welt entgegenstellt, angefangen bei unse-

26 Ebd.; vgl. Joh 1,7; Ps 36,10.
27 Brief T354.

rer Ichbezogenheit, dem Zentrum der Sünde und dem der Kräfte des Todes. Deshalb beschreibt Caterina Christus als Ritter. „Mit seiner unbewaffneten Hand hat unser Ritter unsere Feinde überwunden, als er sein Pferd, das Holz des heiligen Kreuzes, bestieg. Die Dornenkrone war sein Helm. Sein gemartertes Fleisch war seine Rüstung, Seine angenagelten Hände waren seine Handschuhe. Die Lanze in seiner Seite war das Schwert, das unseren Tod abtrennte, und seine durchbohrten Füße waren seine Sporen."[28] Caterinas – und Christi – Herausforderung an uns ist letztlich der Anruf des Kreuzes.

„Jesus", erklärt Caterina Pietro, „hat nicht aus Selbstverliebtheit die Mühsal (des Kreuzes) verweigert und gesagt: Vater, finde einen anderen Weg, denn ich kann keine Schmerzen aushalten; dann werde ich dir gehorsam sein." Nein, sagt sie, „vielmehr nahm er wie trunken vor Liebe … das Joch des Gehorsams auf sich"[29], das Joch eines Gehorsams, der unentwegt zu erkennen sucht, was Gottes Wahrheit fordert und ohne Rücksicht auf eigene Interessen darauf antwortet. Christus selbst hat uns den ‚Fehdehandschuh' hingeworfen. Wir alle sind berufen, ihn aufzuheben. „Wir sind in diesem Leben wie auf ein Kampffeld gestellt", schreibt Caterina an einen dominikanischen Mitbruder, „und wir müssen tapfer kämpfen, ohne dabei auf die Schläge zu achten oder gar zu fliehen. Vielmehr gilt es, den Blick auf unseren Anführer, den gekreuzigten Christus, zu richten. Er hielt durch und ließ sich weder durch das Gerede abbringen, als sie sagten: ‚Steig herab vom Kreuz!' noch durch den Teufel, noch durch unsere Undankbarkeit. In der Erfüllung des Gehorsams gegen seinen Vater und um unser Heil zu wirken blieb er mit äußerster und letzter Konsequenz standhaft. … Das hat ihn getötet!"[30]

Die ersten Jünger Jesu waren nach seinem Tod so verängstigt,

28 Brief T260.

29 Brief T315.

30 Brief T159, an Fra Rainieri di Santa Christina in Pisa.

dass sie sich hinter verschlossenen Türen versteckten. Als jedoch das Feuer des Geistes auf sie herabgekommen war, traten sie aus ihrer Absicherung heraus, predigten und handelten ohne Angst. Gott erklärt Caterina im *Dialog*: „Sie verließen furchtlos das Haus, verkündeten Mein Wort und predigten die Lehre des Wortes, Meines eingeborenen Sohnes. Sie fürchteten keinerlei Leiden … und traten ungescheut vor die Tyrannen dieser Welt, um ihnen die Wahrheit zu verkünden und ins Gesicht zu sagen, zur Glorie und zum Lob Meines Namens."[31]

Wir jedoch pflegen unsere Absicherungen! Wir werden sie niemals aufgeben, sagt Caterina, wenn wir nicht „in die Schule des Wortes gehen, des hingegebenen und verlassenen Lammes am Kreuz." Wir müssen unsere Augen, Ohren und Herzen öffnen. Im Geheimnis des Kreuzes entdecken wir Christus in uns und in ihm unser wahres Selbst. „Lassen wir doch unsere Herzen weit aufspringen beim Anblick einer so glühenden Liebe, da Gott sich selbst eingesenkt hat in uns und der Mensch eingepflanzt wurde in Gott! ... Denn diese Hingabe und Liebe werden Euch führen und Euch das Leben bringen." Es wird kein Leben sein in „Genuss und Lust, Vergnügen, Eigenliebe, Eitelkeit und Leichtsinn". Christi Weg besteht „in freiwilliger Armut, in Geduld bei erlittenem Unrecht, im Gutes tun denen gegenüber, die uns Böses zufügen, in der Bereitschaft, klein und demütig und in der Welt unterdrückt und vergessen zu sein." Er besteht weiterhin „im Ertragen von Spott, Misshandlung, Unrecht und Schmähung, Verleumdung, liebloser Kritik, Bedrängnis und Verfolgung."[32] Heute sprechen wir von der „Solidarität mit den Armen und Unterdrückten". Gott weiß, dass wir ab und zu ein bisschen Vergnügen und auch Leichtsinn brauchen, aber denken Sie einen Augenblick an ihre persönlichen Vorbilder … Auf die eine oder andere Weise musste jeder und jede von ihnen

31 Dialog, 74.
32 Brief T226, an Raimondo da Capua.

eine Art von Kreuzigung auf sich nehmen! Aus dieser Kreuzigung erblüht Auferstehung, manchmal früher, manchmal später. Wenn wir das ‚neue Gewand' anziehen wollen, müssen wir den Deckmantel unserer Ichbezogenheit in das „Blut und Feuer und den Gehorsam des Wortes"[33] werfen und ihn dort verbrennen lassen. Der ‚Fehdehandschuh' liegt vor uns, es ist der Handschuh des Gekreuzigten.

Dominikus hob diesen Fehdehandschuh auf, Caterina hob ihn auf. Ihr beider Leben wurde im Loben, Segnen und Predigen und manches Mal beim Tadeln verzehrt. Sind wir, Dominikanerinnen und Dominikaner heute, der Orden der Predigerbrüder und -schwestern im 21. Jahrhundert, für diese Herausforderung bereit, in unserem Land, in dieser Welt, in unserer Kirche?

- Wie ehrlich unterscheiden wir, was des Lobes wert ist und was getadelt werden muss? Nach welchen Kriterien loben oder tadeln wir? Mit welcher Einstellung?
- Unterscheiden wir auf jeder Ebene als Gemeinschaft und fragen aufrichtig nach den Einsichten aller, auch jener, deren Überzeugungen und Standpunkte wir nicht teilen?
- Wie ungetrübt ist unser Blick? Wie bewahren wir eine wahrhaftige Sicht auf die Dinge?
- Hält uns unsere Angst vor Fehlern, Irrtümern und der Möglichkeit, nicht perfekt zu sein, davon ab, so ehrlich wie möglich nach unserer Überzeugung zu handeln? Wie gehen wir um mit den Erkenntnissen, die wir gewonnen haben, wenn sich herausstellt, dass wir uns geirrt haben oder zumindest nicht völlig im Recht waren?
- Auf welchem Fundament gründen unsere Urteile über uns selbst, über andere, über unsere Vorgesetzten, über öffentliche Personen, über jene, die anderer Meinung als wir sind, über moralische und ethische Fragen, die nicht eindeutig beantwortet werden können?

33 Vgl. Brief T315.

- Sind wir bereit, persönliches Wohlergehen, Annehmlichkeiten und Frieden zurückzustellen, um der Wahrheit und den Herausforderungen der Wahrheit zu genügen?
- Loben oder tadeln wir in Barmherzigkeit, Gerechtigkeit und Weisheit in dem ehrlichen Versuch, Gottes Wahrheit zu erkennen?
- Sind wir bereit, den Fehdehandschuh der „trunkenen Freude" und der Geistbewegtheit aufzuheben, mit der Christus auf das Kreuz zulief, im Vertrauen darauf, dass dies der Weg zur Auferstehung ist?

„Die Zeit", so schreibt Caterina an Pietro, „lädt uns ein, uns selbst zu verlieren und nicht länger damit zu warten. … Wir müssen uns darauf vorbereiten, für die Wahrheit zu leiden und im Leiden werden wir Gott segnen. … Gott wird uns in seiner Barmherzigkeit nach dieser Dunkelheit das Licht schenken. In diesem Licht werden sich der Wille Gottes und unser Verlangen erfüllen."[34]

Unser dominikanischer Bruder Henri Lacordaire formulierte vor mehr als einem Jahrhundert sehr treffend:

> „Wenn die Beredsamkeit die schwierigste aller Künste ist und wenn die Verkündigung die höchste Form aller Beredsamkeit darstellt, ist es keine Randerscheinung, dass ein einziger Mensch anscheinend aus dem Nichts eine Armee von Predigern auf die Beine stellte, die die Menschen wachrütteln konnte von Spanien bis Moskau, von Schweden bis Persien. Um diese außergewöhnliche Tatsache zu erklären, reicht es, sich bewusst zu machen, dass die Beredsamkeit die Tochter der Leidenschaft ist. Wecke eine Leidenschaft in einer Seele und Beredsamkeit wird in Sturzbächen aus ihr herausströmen. Beredsamkeit ist der Klang, den eine leiden-

34 Brief T315.

schaftliche Seele erzeugt. Darum bringen Zeiten öffentlicher Unruhe, wenn die Menschen von gewaltigen Bewegungen aufgewühlt werden, viele Prediger hervor. Und wer immer einmal in seinem Leben etwas intensiv geliebt hat, wurde dadurch beredsam, wenn vielleicht auch nur ein einziges Mal. Darum musste Dominikus keine Rhetorik-Schulen gründen, um Legionen von Predigern in die Welt zu senden; er brauchte nur das Herz seiner Zeit zu berühren und darin die Leidenschaft entdecken und wecken."[35]

Welche Leidenschaft wird unsere dominikanische Identität, Spiritualität und Sendung in Zukunft durchdringen und prägen?

35 Eigene Übersetzung [Anm. d. Ü.]. Vgl. Henri Dominique Lacordaire, Die geistlichen Orden und unsere Zeit, insbesondere über die Wiederherstellung des Prediger-Ordens in Frankreich, Augsburg 1839 [Anm. zur deutschen Übers.].

Literaturauswahl

Quellen

CATHARINA SENENSIS, Gespräch von Gottes Vorsehung (Dialogo della divina provvidenza), hrsg. von Ellen Sommer-von Seckendorff und Hans Urs von Balthasar (Lectio spiritualis Bd. 8), Freiburg/Br. 1961.

---, Engagiert aus Glauben. Politische Briefe, hrsg. von Ferdinand Strobel, Zürich 1979.

---, Meditative Gebete, hrsg. von Hilarius M. Barth (Christliche Meister Bd. 5), Einsiedeln 1980.

---, Gotteserfahrung und Weg in die Welt, hrsg. von Louise Gnädinger, Olten – Freiburg/Br. 1980.

---, The Dialogue, ed. by Suzanne Noffke, New York 1980.

---, Ausgewählte Schriften einer großen Heiligen, hrsg. von Bernhard Gertz und Adolf Hoffmann, Düsseldorf 1981.

---, Passion for Thruth, Compassion for Humanity. Selected Spiritual Writings ed. by Mary O'Driscoll, New York 1993.

---, The Prayers, ed. by Suzanne Noffke, Lincoln ^{2}2001.

---, Sämtliche Briefe. An die Männer der Kirche (2 Bde.), hrsg. von Werner Schmid (Caterina von Siena Bde. 2/3), Kleinhain 2005.

---, Sämtliche Briefe. An die Ordensfrauen, hrsg. von Werner Schmid (Caterina von Siena Bd. 4), Kleinhain 2007.

---, Sämtliche Briefe. An die Männer der Politik, hrsg. von Werner Schmid (Caterina von Siena Bd. 9), Kleinhain 2009.

---, The Letters of Catherine of Siena, ed. by Suzanne Noffke (Medieval and Renaissance Texts and Studies vol. I-IV), Tempe 2000, 2001, 2007, 2008.

---, Sämtliche Briefe. An die Frauen in der Welt, hrsg. von Werner Schmid (Caterina von Siena Bd. 8), Kleinhain [in Vorbereitung].

---, An Anthology, ed. by Suzanne Noffke (Medieval and Renaissance Texts and Studies vol. 406), Tempe 2012.

Der Prozess von Castello 1411-1416. Zeugenaussagen über die hl. Caterina von Siena, hrsg. von Werner Schmid, übers. von Josef Schwarzbauer (Caterina von Siena Bd. 7), Kleinhain 2011.

Das Leben der hl. Katharina von Siena, in: Raimundus de Capua, Legenda maior, hrsg. von Adrian Schenker, Düsseldorf 1965, 169-173.

Raimundus de Capua, 33 Jahre für Christus. Die Legende Maior. Das Leben der hl. Caterina von Siena, hrsg. von Werner Schmid (Caterina von Siena Bd. 6), Kleinhain 2006.

Sekundärliteratur

BALTHASAR, HANS URS, Umrisse der Lehre. Einleitung, in: ders. / Ellen Sommer-von Seckendorf (Hrsg.), Caterina von Siena, Gespräch von Gottes Vorsehung (Dialogo della divina provvidenza) (Lectio Spiritualis Bd. 8), Freiburg/Br. 1961, XVIIIff.

---, Herrlichkeit. Eine theologische Ästhetik (3 Bde.), Einsiedeln 1961-1969 [Bd. III/446-468 zu Katharina von Siena].

BEYER, ROLF (Hrsg.), Die andere Offenbarung. Mystikerinnen im Mittelalter, Bergisch-Gladbach 1989 [247-274 zu Caterina von Siena].

CAFFARINI, THOMAS / SCHMID, WERNER (Hrsg.), Caterina von Siena. Erinnerungen eines Zeitzeugen. Die Legenda Minor (Caterina von Siena Bd. 1), Kleinhain 2001.

---, Biographische Ergänzungen zu Caterina von Siena (Caterina von Siena Bd. 5), Kleinhain 2005.

CAVALLINI, GUILLIANA, Catherine of Siena, London 1998.

GERL-FALKOVITZ, HANNA-BARBARA, Mystik und Politik. Ein Versuch in weiblicher Spiritualität, in: Zulehner, Paul M. (Hrsg.), Spiritualität – mehr als ein Megatrend, Ostfildern 2004, 72-96.

GERTZ, BERNHARD, Mehr sage ich nicht. Die prophetische Kirchenkritik der Caterina von Siena, in: Hoffmann, Adolf / Gertz, Bernhard (Hrsg.), Catharina Senensis, Ausgewählte Schriften einer großen Heiligen, Düsseldorf 1981, 25ff.

HELBLING, HANNO, Das Gold der geistlichen Dinge. Die Mahnworte der heiligen Caterina von Siena, in: Delgado, Mariano / Fuchs, Gotthard (Hrsg.), Die Kirchenkritik der Mystiker. Prophetie aus Gotteserfahrung. Bd. 1, Fribourg 2004, 285-292.

---, Katharina von Siena. Mystik und Politik, München 2000.

HIRTZ, PAUL, Das Geschöpf der Liebe. Menschsein in der Spiritualität der Caterina von Siena. Ein Beitrag zur „Theologie der Heiligen" (Trierer theologische Studien Bd. 45), Trier 1988.

LOHRUM, MEINOLF / DÖRTELMANN, MARIA M. (Hrsg.), Katharina von Siena. Lehrerin der Kirche, Leipzig ^{2}1997.

McDERMOTT, THOMAS, Catherine of Siena. Spiritual Development in Her Life and Teaching, Mahwah 2008.

MÜLLER, DAGMAR, Begleiterinnen auf dem Weg nach innen. 8 Wege mit mittelalterlichen Mystikerinnen, Mainz ^{2}2003 [4-55 zu Catcrina von Siena].

NOFFKE, SUZANNE, Catherine of Siena. Vision Through a Distant Eye, Collegeville 1996.

SCHLOSSER, MARIANNE, Katharina von Siena begegnen, Augsburg 2006.

---, „... ché la Chiesa non è altro, che esso Cristo". Zum Kirchenbild in der Spiritualität der hl. Caterina von Siena, in: Prügel, Thomas (Hrsg.), Kirchenbild und Spiritualität. Dominikanische Beiträge zur Ekklesiologie und zum kirchlichen Leben im Mittelalter (FS Ulrich Horst OP), Paderborn 2007, 261-289.

SCHNEIDER, ROSWITHA, Katharina von Siena als Mystikerin, in: Dinzelbacher, Peter / Bauer, Dieter R. (Hrsg.), Frauenmystik im Mittelalter, Ostfildern 1985, 290-313.

CD-ROM

Città Ideale (Ed.), Santa Caterina da Siena – Opera Omnia. Testi e Concordanze. CD-ROM, Padova 2005. [Die CD enthält das komplette Werk in den derzeit maßgeblichen Ausgaben mit Konkordanz und Suchfunktionen nach: Volpato, Antonio (Ed.), Lettere; Cavallini, Giuliana (Ed.), Dialogo; Cavallini, Giuliana (Ed.), Orazioni.]

DVD

Schmid, Werner (Hrsg.), Caterina von Siena. Auf den Spuren einer großen Frau. DVD, Kleinhain 2011.

Verzeichnis der Mitarbeiterinnen und Mitarbeiter

Martina Amrhein OP, Priorin des Dominikanerinnenklosters Zoffingen, Konstanz (www.kloster-zoffingen.de); Vorstandsmitglied des Institut für Pastoralhomiletik, Düsseldorf; ehem. Leiterin der Mädchenschule Zoffingen

Sara Böhmer OP, Dipl. Theol., Generalpriorin der Dominikanerinnen von Bethanien von Venlo, Thorn/Niederlande (www.Dominikanerinnen-von-Bethanien.de); Sprecherin der Arbeitsgemeinschaft der deutschsprachigen Dominikanerinnen AG OP (www.dominikanerinnen.net)

Maximiliano I. Cappabianca OP, Dipl. Theol., Mitarbeiter der Kongregation für die Orientalischen Kirchen und Sekretär der ROACO, einem Dachverband katholischer Hilfswerke, Rom

Maria Magdalena Dörtelmann OP, Priorin des Dominikanerinnenklosters „Zum gekreuzigten Erlöser", Rieste-Lage (www.dominikanerinnen-lage.de)

Thomas Eggensperger OP, Prof. Dr. theol., M.A., Geschäftsführender Direktor des Institut M.-Dominique Chenu, Berlin (www.institut-chenu.eu); Herausgeber der „Dominikanischen Quellen und Zeugnisse"

Ulrich Engel OP, PD Dr. theol. habil., Direktor des Institut M.-Dominique Chenu, Berlin (www.institut-chenu.eu), Herausgeber der „Dominikanischen Quellen und Zeugnisse"

Benedikta Hintersberger OP, Dr. theol., Priorin des Dominikanerinnenkloster St. Ursula, Augsburg (www.kloster-st-ursula.de); ehem. Schulleiterin

Angelica Kliem OP, Dießen, bis 2012 Provinzverantwortliche der Dominikanerinnen der Hl. Katharina von Siena von Oakford, Natal, in Deutschland (www.kloster-neustadt.net)

Franziska Madl OP, MMag., Novizenmeisterin des Dominikanerinnenklosters Wien-Hacking (www.dominikanerinnen.at)

Gisela Muschiol, Prof. Dr. theol., Lehrstuhlinhaberin und Direktorin des Instituts für Kirchengeschichte, Abt. Mittlere und Neuere Kirchengeschichte der Universität Bonn (www.ktf.uni-bonn.de / Einrichtungen / institut-fur-kirchengeschichte)

Suzanne Noffke OP, PhD, The Dominicans of Racine, Wisconsin (www.racinedominicans.org), ehem. Scholar in Residence, University of Wisconsin-Parkside, ehem. Visiting Scholar University of Chicago, Illinois, Forschungen zu Catharina von Siena und anderen Aspekten dominikanischer Geschichte und Spiritualität

Maria-Markus Przyrembel OP, Institut St. Dominikus, Speyer (www.institut-st-dominikus.de)

Aurelia Spendel OP, Dr. theol., tätig in den Bereichen Ordensentwicklung und Konventsbegleitung sowie in der Geistlichen Begleitung; Dominikanerinnenkloster St. Ursula, Augsburg (www.kloster-st-ursula.de)

Eleonora Weiß OP, Dominikanerinnenkloster St. Ursula, Augsburg (www.kloster-st-ursula.de), ehem. Realschullehrerin

Jenny Wenner, M.A., Wissenschaftliche Hilfskraft am Institut für Kirchengeschichte, Abt. Mittlere und Neuere Kirchengeschichte der Universität Bonn (www.ktf.uni-bonn.de / Einrichtungen / institut-fur-kirchengeschichte)